Heihachiro Tohyama Yukiko Moriyama

Livro de Culinária Sushi

Fácil & Rápida

JBC

Agradecimentos

Nosso profundo reconhecimento por sua inestimável ajuda:

Seiichi Ishihara, Taketora Kato (Fotografia)
Akira Naito, Mieko Nakazawa, Yuki Wakatsuki, Carolyn Harano (Assistência Editorial)
Michiko Hayashi (Ilustração)
Takako Sakata, Shizuku Tamaru (Ajudante de cozinha)

Agradecimentos especiais
Shiro Shimura, por sua grande assistência editorial e por redigir os títulos.
A meu pai, por seu estímulo e compreensão.

Dados Internacionais de Catalogação na Publicação (CIP)
(Câmara Brasileira do Livro, SP, Brasil)

Tohyama, Heihachiro
Livro de culinária Sushi : fácil e rápida / Heihachiro Tohyama, Yukiko Moriyama. — São Paulo : Editora JBC, 2009.

1a reimpr. da 1. ed. de 1983.
ISBN 978-85-7787-217-6
1. Culinária japonesa 2. Sushi I. Moriyama, Yukiko. II. Título.

09-10930 CDD-641.50952

Índices para catálogo sistemático:
1. Japão : Culinária : Economia doméstica 641.50952

Prefácio

O Japão é circundado por mares, e os japoneses consomem enorme quantidade de alimento marinho. Sua dieta sempre dependeu grandemente da comida extraída do mar. Os últimos números que mostram o índice de longevidade no mundo inteiro indicam que os japoneses detêm uma posição de liderança. Parece que a alta proporção de peixe em sua dieta tem resultado em corpos sadios. Em parte por este motivo, a cozinha japonesa está atraindo o interesse no mundo inteiro. Esta é uma proliferação bem-vinda. Há inúmeras maneiras de preparar comida do mar. Entre os vários métodos de preparo, a maneira mais popular de servir peixe é fresco, isto é, cru. O peixe cru no Japão é chamado de *sashimi*, e pode ser cortado de várias formas (plano, em cubos, filiforme ou em tiras finas). Cada pedaço do peixe é mergulhado numa mistura de molho de soja e *wasabi* (rábano verde japonês), e então saboreado. O *sashimi* é um tradicional prato em qualquer refeição formal.

Já o *sushi* é arroz em vinagre guarnecido com um sortimento de peixe cru fatiado ou de outro alimento que não seja extraído do mar. O *sushi* é um alimento representativo do Japão, o qual tem uma história culinária que data de pelo menos mil anos. O *sushi*, na verdade, foi uma forma encontrada de se preservar o peixe. A comida do mar em salmoura fermentava e atuava como conservante natural. Mais tarde, o arroz cozido foi acrescido para melhorar a fermentação. Hoje, um simples pedaço de peixe fresco comprimido numa bola de arroz avinagrado é conhecido como "*sushi*" e é o tipo mais comum dessa iguaria. Mas há uma grande variedade de formas de preparar e servir o *sushi*. Durante o curso de sua longa história, cada parte do Japão desenvolveu sua própria especialidade.

A palavra "*sushi*" é pronunciada "*zushi*" quando vira sufixo de outras palavras. Por exemplo, *nigiri-zushi, inari-zushi, norimaki-zushi* e assim por diante. Este livro foi escrito para apresentar este elegante prato a todos aqueles que gostariam de prepará-lo em casa. Algumas das receitas para os vários tipos de *sushi* são tradicionais, as quais têm mantido sua autenticidade. Outras foram adaptadas para satisfazer "os gostos modernos". Isto torna o *sushi* mais simples de preparar.

O leitor ou a leitora pode se sentir à vontade para desistir do peixe cru e substituí-lo por outras coisas. Também não há necessidade de aderir rigidamente às regras da cozinha japonesa. O mais importante é desfrutar completamente de uma fascinante e nova forma de cozinhar e entreter. O *sushi* é delicado em aroma e sabor, e agradável à visão. Fazer *sushi* é uma arte complexa.

Tóquio, Japão.

Índice

Ingredientes

Ingredientes

Edomae-zushi

(*Sushi* ao estilo Edo*)

*Edo é como se chamava Tóquio antigamente

大トロ(鮪) Atum mais gordo

OHTORO MAGURO

Esta é a parte mais gorda do atum, o qual tem uma cor rosa clara e desmancha na boca. Por ser a parte mais gorda do atum que é comida crua, é cara e, naturalmente, melhor apreciada na estação adequada (inverno). Os japoneses amam este *sushi*, e para os ocidentais que queiram se iniciar no *sushi*, seu sabor ameno e rica textura garantem um desejo de "quero mais".

Como preparar

① Corte a parte mais avermelhada.

② Corte a parte mais gorda.

③ Corte em filés retangulares de 2,5 cm de espessura.

④ Corte diagonalmente através das linhas em fatias de 5 mm (ao fazê-lo, incline a faca para a direita e fatie da esquerda para a direita).

Os cortes do atum

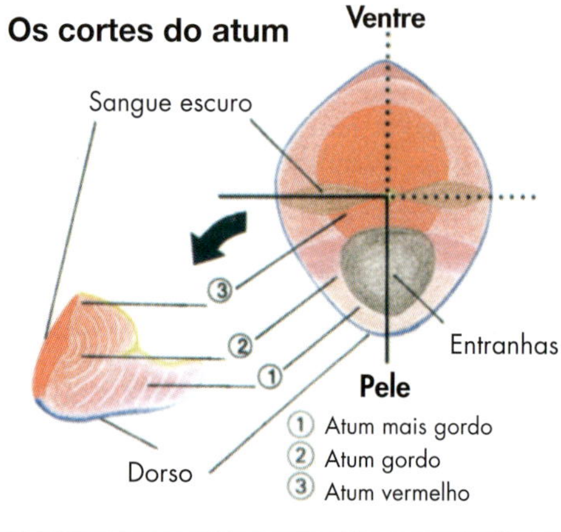

O atum não é vendido como peça inteira, mas em pedaços. Cada parte do peixe atum difere muito em qualidade e, portanto, de preço. A parte gorda e rosada que está localizada perto do ventre é chamada de "toro". A parte avermelhada e magra que está localizada perto da espinha é chamada de "akami". No passado, o povo japonês valorizava mais o akami, mas como o paladar mudou (depois de comerem mais carne à moda ocidental), o toro tomou seu lugar e se tornou o mais caro.

Como dar forma ao *sushi*

Ingredientes para dois *sushi*

2 fatias (de cerca de 15 g cada) de atum mais gordo

Cerca de 40 g de arroz para *sushi* (veja páginas 94 a 96)

Uma pitada de *wasabi*

① Mergulhe ambas as mãos em vinagre com água (na proporção de 3 partes de água para 1 de vinagre). Isto impede o arroz de grudar nos dedos.

② Pegue um pouco de arroz com os dedos da mão direita (cerca de 20 g). Aperte gentilmente a porção de arroz e use os dedos para fazer um bolinho de forma ovalada.

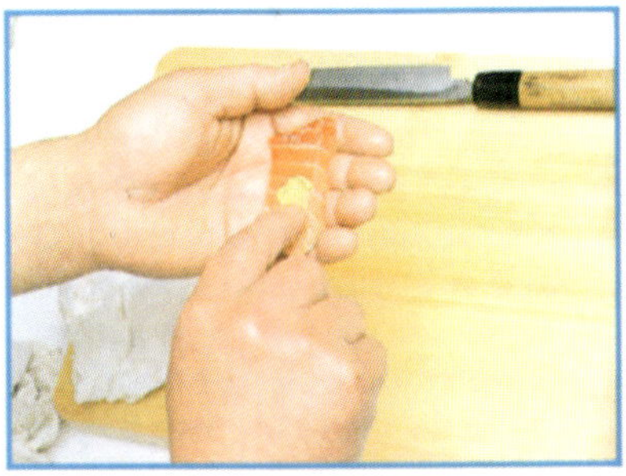

③ Com os dedos da mão esquerda, pegue uma fatia de atum. Coloque uma pitada de *wasabi* no centro com o dedo indicador da mão direita.

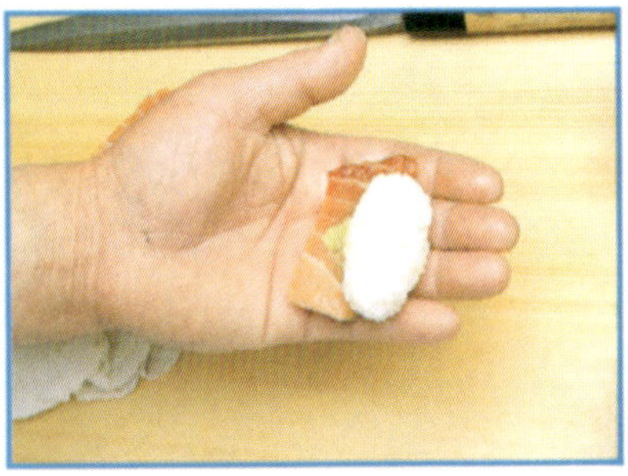

④ Deite o bolinho de arroz sobre o peixe.

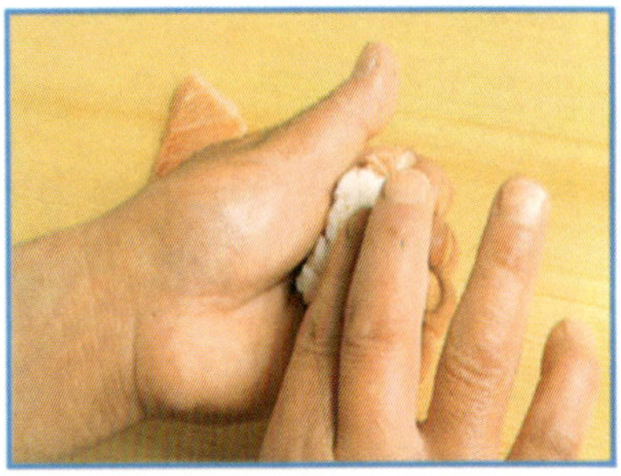

⑤ Com o dedo indicador da mão direita, aperte levemente o arroz contra o peixe.

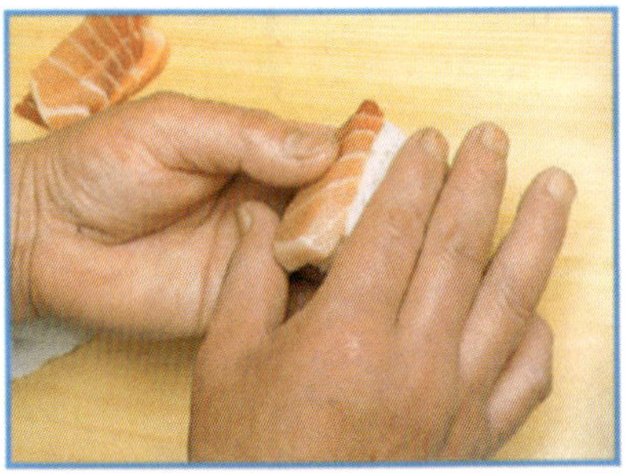

⑥ Segure os dois lados do *sushi* entre o polegar e o indicador e mova os dedos da mão esquerda endireitando o *sushi* para que o peixe fique por cima.

⑦ Aperte os lados do peixe com o polegar e o indicador da mão direita.

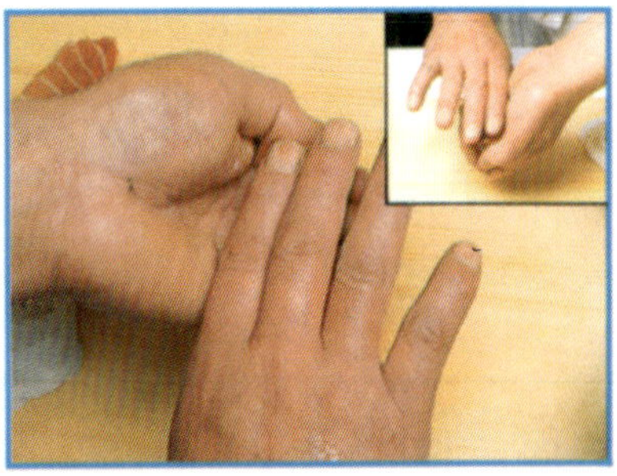

⑧ Modele o *sushi* empurrando a parte de cima com os dedos da mão direita e, com o polegar direito, a ponta.

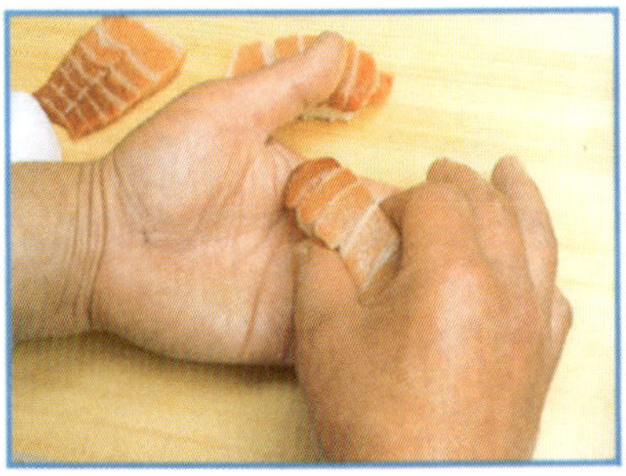

⑨ Com o polegar direito e o indicador, vire o *sushi* para que a outra ponta possa ser modelada também.

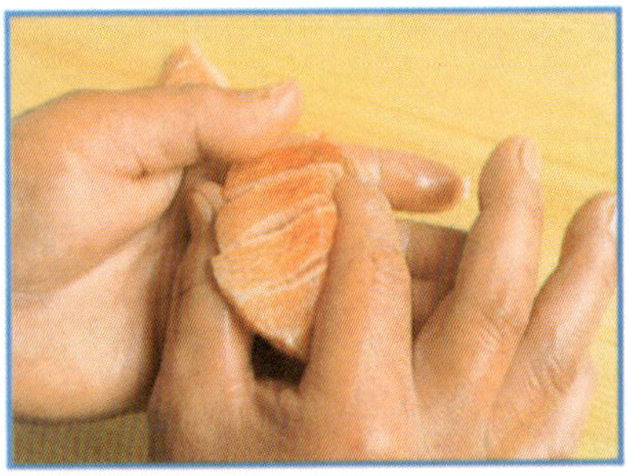

⑩ Repita como mostrado na figura 7.

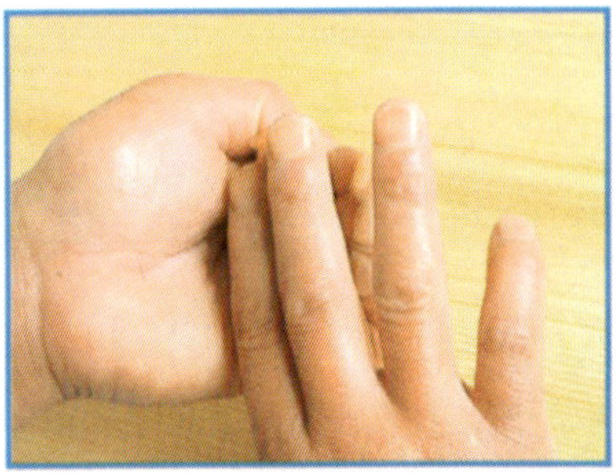

⑪ Repita como mostrado na figura 8. Verifique o formato novamente.

CHUTORO MAGURO 中トロ(鮪) Atum gordo

Esta é a parte moderadamente gorda da barriga do atum. Embora seja de cor rosada, não é como o rosa descorado do *ohtoro*. O suave e parecido gosto de manteiga de um bom atum, combinado com o sabor picante do *wasabi* e um toque de molho de soja (*shoyu*), faz do *chutoro* um prato obrigatório.

Como preparar

① Corte a parte mais avermelhada.

② Corte a parte mais gorda e separe-a. Em seguida, corte em filés retangulares de cerca de 2,5 cm de largura.

③ Agora o filé está pronto.

④ Corte diagonalmente o filé em fatias de 5 mm de largura (incline a faca para a direita e fatie da esquerda para a direita).

⑤ As partes da ponta têm formatos retangulares. Faça uma fenda na parte mais larga e abra-a.

⑥ Depois de aberta, ficará como mostrado acima.

Como dar forma ao *sushi*

Ingredientes para dois *sushi*

2 fatias (15 g cada) de atum gordo

Cerca de 40 g de arroz para *sushi* (veja páginas 94 a 96)

Uma pitada de *wasabi*

① Mergulhe ambas as mãos em vinagre com água (na proporção de 3 partes de água para 1 de vinagre). Isto impede o arroz de grudar nos dedos.

② Pegue um pouco de arroz com os dedos da mão direita (cerca de 20 g). Aperte gentilmente a porção de arroz e use os dedos para fazer um bolinho de forma ovalada.

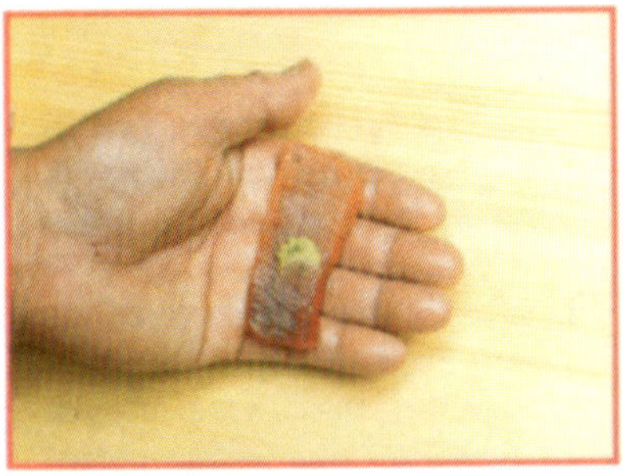

③ Com os dedos da mão esquerda, pegue uma fatia de atum. Coloque uma pitada de *wasabi* no centro com o dedo indicador da mão direita.

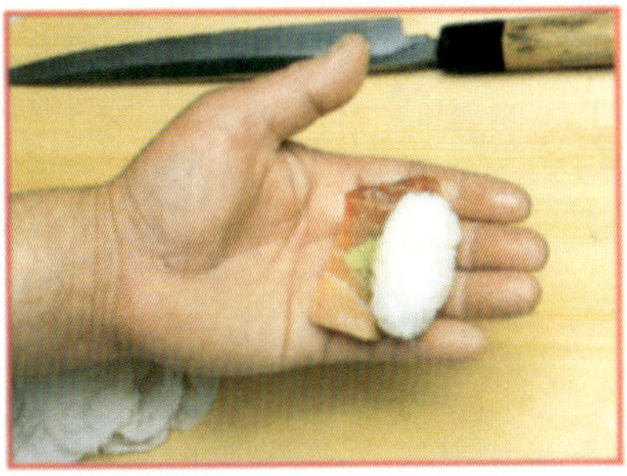

④ Deite o bolinho de arroz sobre o peixe.

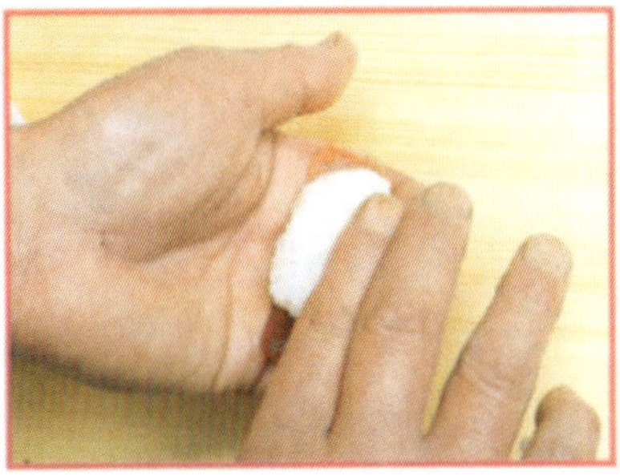

⑤ Com o dedo indicador da mão direita, aperte levemente o arroz contra o peixe.

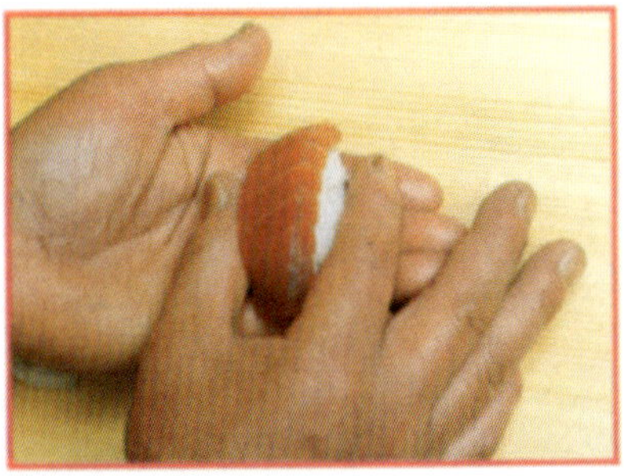

⑥ Segure os dois lados do *sushi* entre o polegar e o indicador e mova os dedos da mão esquerda endireitando o *sushi* para que o peixe fique por cima.

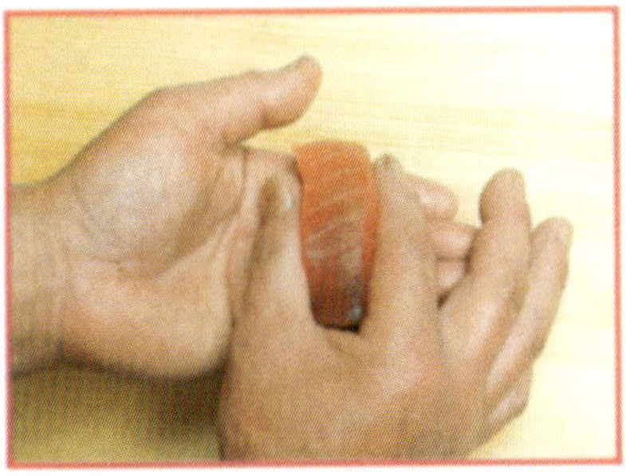

⑦ Aperte os lados do peixe com o polegar e o indicador da mão direita.

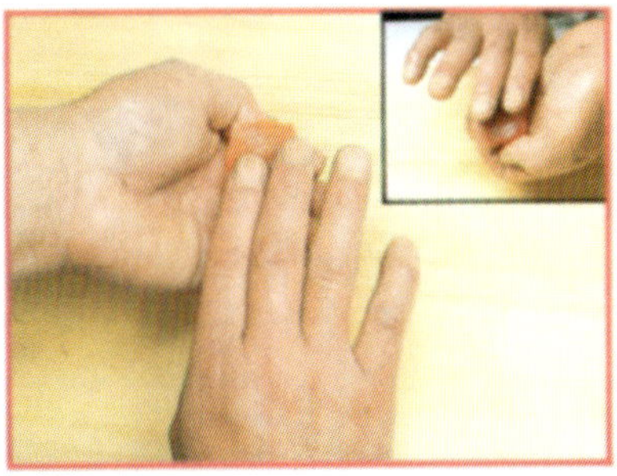

⑧ Modele o *sushi* empurrando a parte de cima com os dedos da mão direita e, com o polegar direito, a ponta.

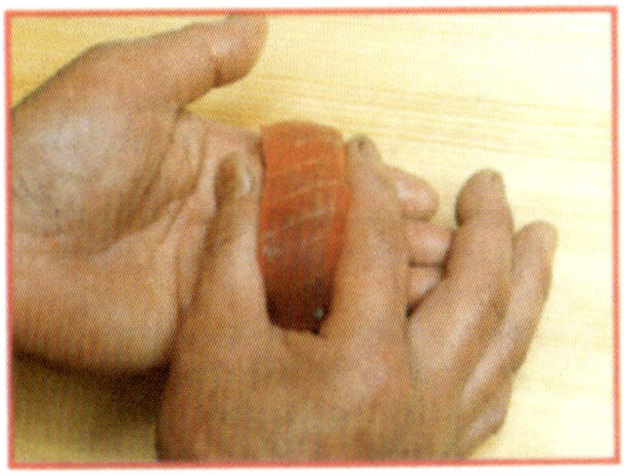

⑨ Com o polegar direito e o indicador, vire o *sushi* para que a outra ponta possa ser modelada também.

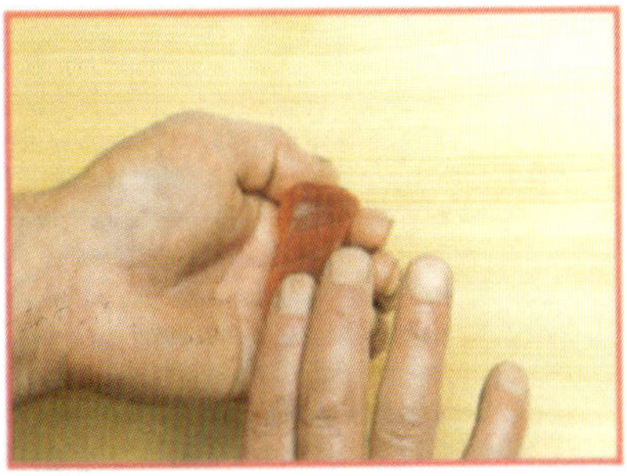

⑩ Repita como mostrado na figura 7 e 8.

⑪ Verifique o formato novamente.

AKAMI MAGURO 赤身（鮪） Atum vermelho

Esta é a carne magra próxima à espinha do atum. A melhor variedade é a mais brilhante com tons de vermelho. Para quem está de dieta, contudo, quanto mais vermelha, melhor. Bom para pessoas que estão experimentando peixe cru pela primeira vez.

Como preparar

① Corte a parte mais avermelhada.

② Corte em filés retangulares de 2,5 cm de largura.

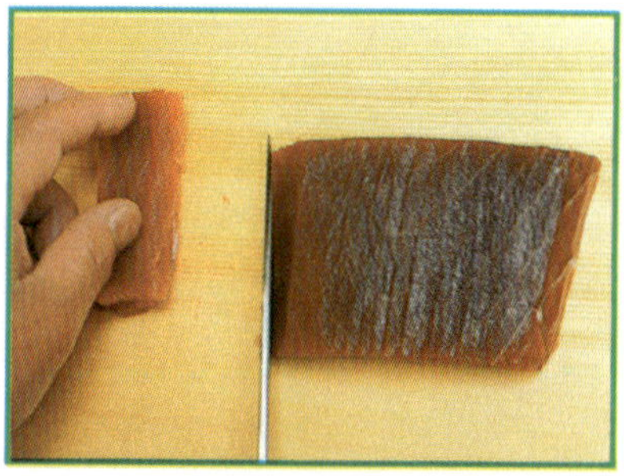

③ Corte diagonalmente o filé em fatias de 5 mm de largura (incline a faca para a direita e fatie da esquerda para a ponta).

④ As partes da ponta têm formatos retangulares. Faça uma fenda na parte mais larga e abra-a.

O atum e a ciência

Dez anos atrás revelou-se que os esquimós da Groenlândia raramente contraíam doenças cerebrais ou do coração, apesar de seu costume de comer carne. Isto levou os cientistas a descobrirem o EPA, o ácido gordo não-saturado, no óleo de peixe. Tal ácido se transforma em duas substâncias no seu organismo. Uma evita a aderência das plaquetas sanguíneas, e a outra aumenta a capacidade dos vasos sanguíneos de fazer o sangue fluir.

Assim, comer bastante peixe que contém este ácido gordo não-saturado significa tomar precauções contra o endurecimento das artérias ou doenças geriátricas. Os peixes que se presumem ricos dessa substância são o atum, o xaréu, a sardinha e outros. A gordura desses peixes contém cerca de 10 por cento de ácido gordo não-saturado. No caso do atum, este peixe contém ainda outra substância útil, a DHA, que age da mesma forma que o ácido gordo não-saturado. Assim, tem-se provado que o atum supera outros peixes não só pelo seu sabor mas também pelas suas propriedades medicinais.

Como dar forma ao *sushi*

Ingredientes para dois *sushi*

2 fatias (15 g cada) de carne vermelha de atum

Cerca de 40 g de arroz para *sushi* (veja páginas 94 a 96)

Uma pitada de *wasabi*

① Mergulhe ambas as mãos em vinagre com água (na proporção de 3 partes de água para 1 de vinagre). Isto impede o arroz de grudar nos dedos.

② Pegue um pouco de arroz com os dedos da mão direita (cerca de 20 g). Aperte gentilmente a porção de arroz e use os dedos para fazer um bolinho de forma ovalada.

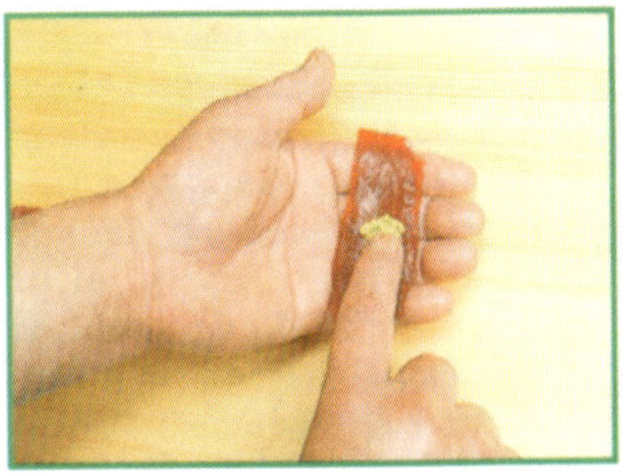

③ Com os dedos da mão esquerda, pegue uma fatia de atum. Coloque uma pitada de *wasabi* no centro com o dedo indicador da mão direita.

④ Deite o bolinho de arroz sobre o peixe. Com o dedo indicador da mão direita, aperte levemente o arroz contra o peixe.

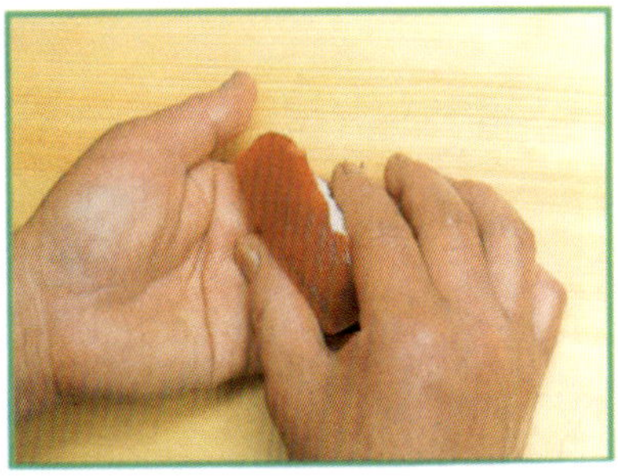

⑤ Segure os dois lados do *sushi* entre o polegar e o indicador e mova os dedos da mão esquerda endireitando o *sushi* para que o peixe fique por cima.

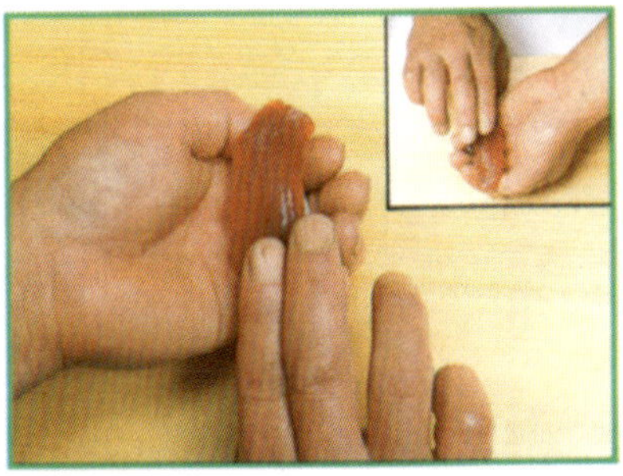

⑥ Aperte os lados do peixe com o polegar e o indicador da mão direita. Modele o *sushi* empurrando a parte de cima com os dedos da mão direita e, com o polegar direito, a ponta.

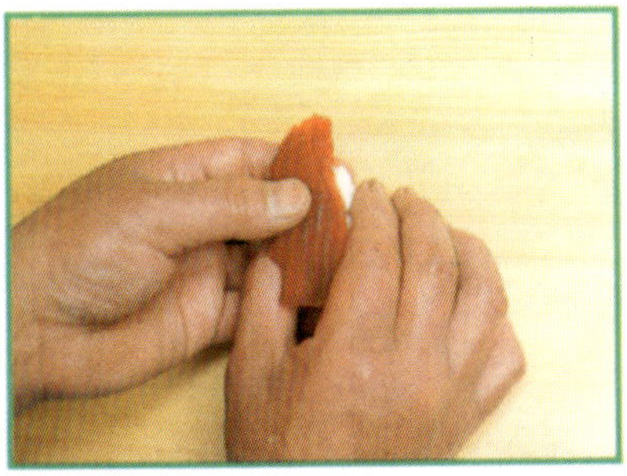

⑦ Com o polegar direito e o indicador, vire o *sushi* para que a outra ponta possa ser modelada também.

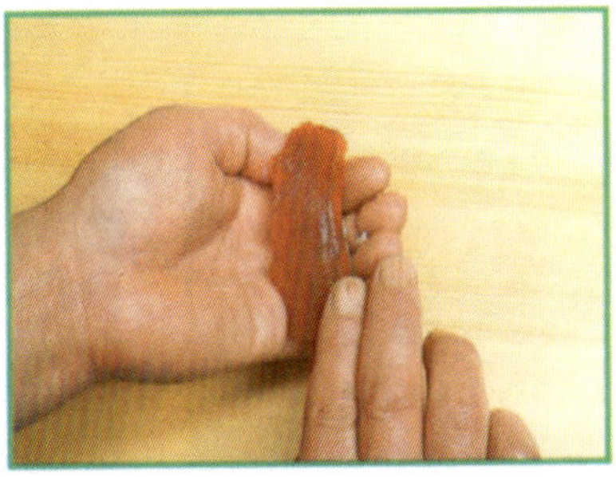

⑧ Repita como mostrado na figura 6.

⑨ Verifique o formato novamente.

O *sushi* e a folha de bambu

A folha de bambu é estritamente ligada ao *sushi*, especialmente o *nigiri-zushi*. Naturalmente, ela se torna uma atraente decoração, mas a folha tem outros usos também. Primeiro, a folha de bambu tem um efeito esterilizador e isolador do calor. Como é rica em ácido salicílico e sulfuroso, os quais têm propriedades desinfetantes, a folha de bambu mantém a superfície do peixe cru livre de proliferação bacteriana. Também impede o arroz ou o molho de grudarem um no outro, permitindo a mistura de cores ou sabores. O contraste entre comida de cor escura e arroz branco brilhante decorados com folhas verdes frescas de bambu é visualmente atraente.

Recentemente, folhas de bambu de plástico têm se tornado "populares". Embora sejam mais baratas e práticas, há razões bem fortes para escolher folhas de bambus frescas ao combiná-las com *sushi*.

SHIMA-AJI 縞鯵 Xaréu

Este é o xaréu, um dos excelentes *sushis* brancos. Uma fatia de *shima-aji* prateada degustada com gengibre fresco acrescenta outro sabor ao cardápio de *sushi*. O aroma delicado e a textura macia de um bom (e fresco) xaréu faz com que o *sushi* desça suave pela garganta.

Como preparar

① Limpe a superfície com um pano molhado. Remova a escama dura próxima do rabo começando daí e indo para a cabeça.

② Raspe as escamas.

③ Insira a faca sob a barbatana peitoral nos ângulos direitos, e faça um corte em direção à barbatana pélvica com um movimento apenas.

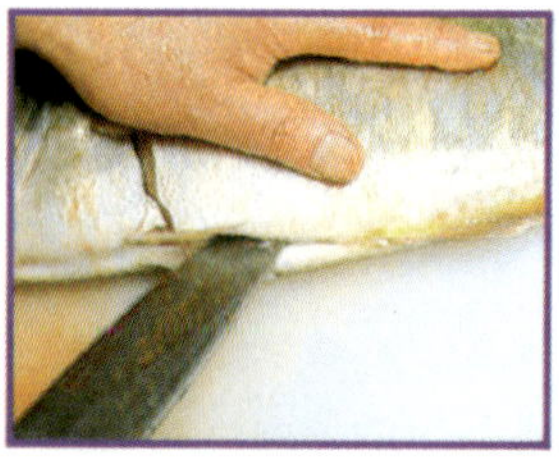

④ Abra uma fendinha na barriga.

⑤ Remova a cabeça e as entranhas e raspe o sangue escuro com a faca.

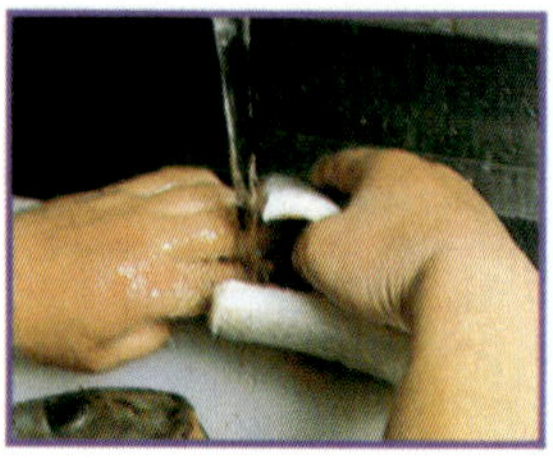

⑥ Lave completamente sob água corrente.

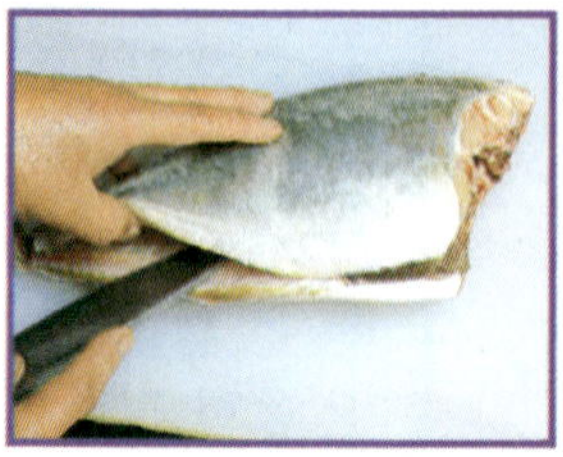

⑦ Insira a faca abaixo da cabeça e retalhe embaixo da barriga por toda a extensão da espinha. Corte as costas da mesma forma.

⑧ Corte o rabo fora. Corte a carne da espinha.

⑨ Vire o peixe e repita os passos 7 e 8.

⑩ Insira a faca sob os ossinhos que ficam ao longo da barriga. Ao cortar, mova a faca nos ângulos direitos para o peixe.

⑪ Coloque o peixe na tábua, com a pele virada para baixo. Divida em dois filés ao longo da linha central (corte em volta dos ossos, não através deles).

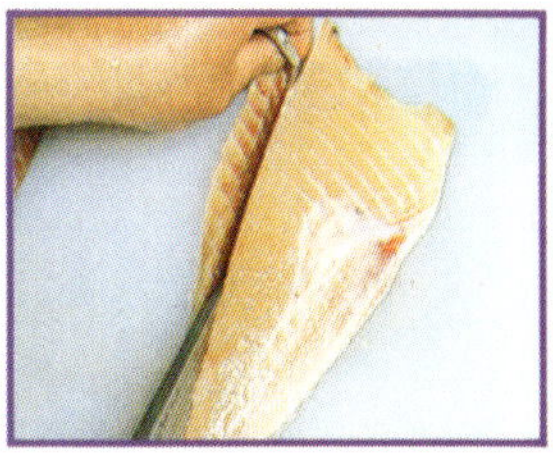

⑫ Corte os ossos centrais.

⑬ Com a pele virada para baixo, insira a faca entre a pele e a carne em direção ao rabo. Puxando a ponta da pele com os dedos da mão esquerda, remova-a cuidadosamente.

⑭ Agora o filé está pronto.

⑮ Inclinando a faca para a direita, corte em fatias de 3 mm com um só movimento.

⑯ Os pedaços que ficam por último são triangulares em formato. Abra-os fazendo uma fenda pela base larga.

Como dar forma ao *sushi*

Ingredientes para dois *sushi*

2 fatias (12 g cada) de *shima-aji* (xaréu)

Cerca de 40 g de arroz para *sushi* (veja páginas 94 a 96)

Uma pitada de *wasabi*

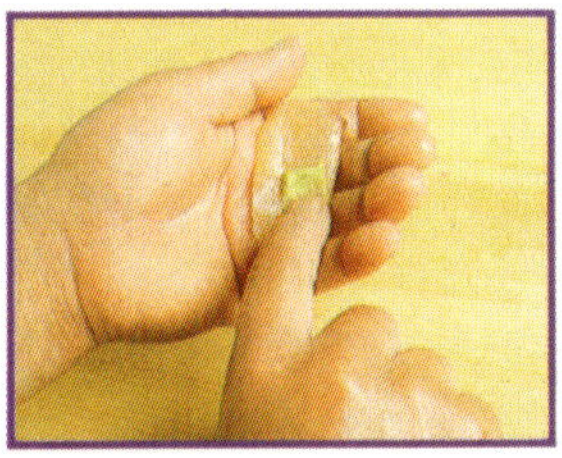

① Mergulhe ambas as mãos em vinagre com água (na proporção de 3 partes de água para 1 de vinagre). Pegue um pouco de arroz (cerca de 20 g) e aperte gentilmente. Com a mão esquerda, pegue uma fatia de *shima-aji*. Coloque uma pitada de *wasabi* no centro com o dedo indicador da mão direita.

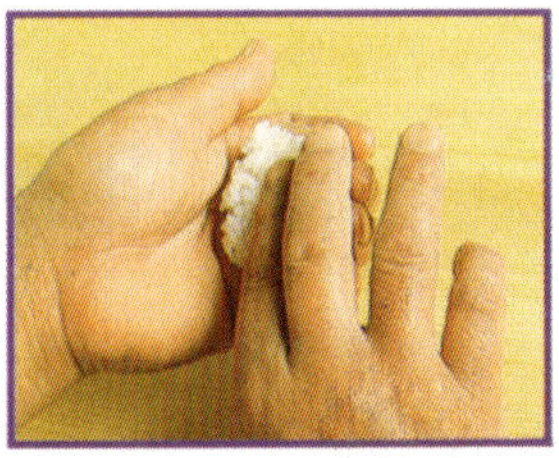

② Deite o bolinho de arroz sobre o peixe. Com o dedo indicador da mão direita, aperte levemente o arroz contra o peixe. Isto faz com que o arroz grude no peixe.

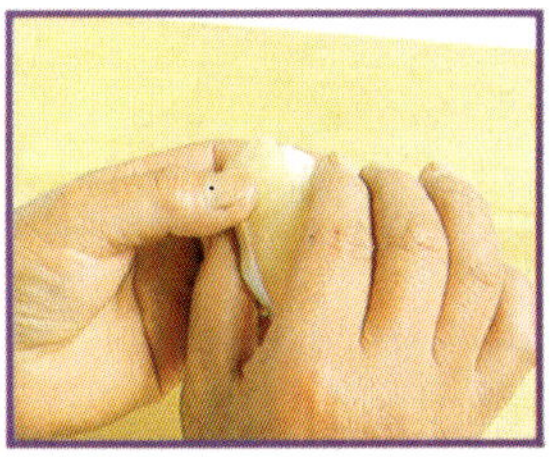

③ Segure os dois lados do *sushi* entre o polegar e o indicador e mova os dedos da mão esquerda endireitando o *sushi* para que o peixe fique por cima.

④ Aperte os lados do peixe com o polegar e o indicador da mão direita.

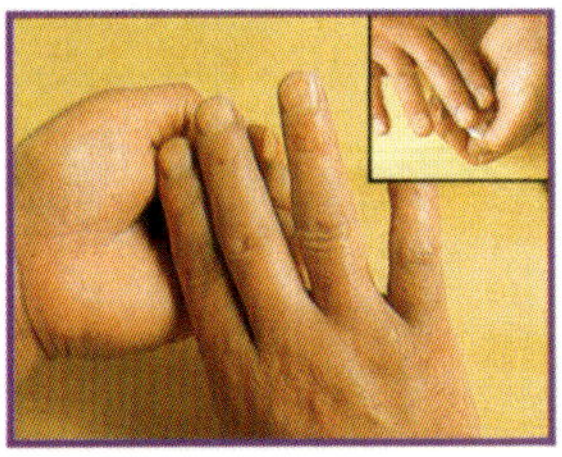

⑤ Modele o *sushi* empurrando a parte de cima com os dedos da mão direita e, com o polegar direito, a ponta.

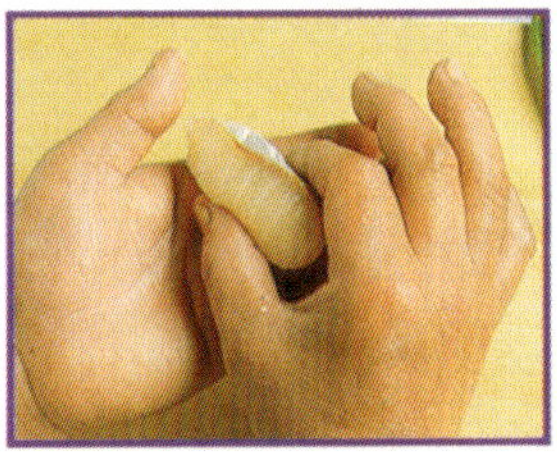

⑥ Com o polegar direito e o indicador, vire o *sushi* para que a outra ponta possa ser modelada também.

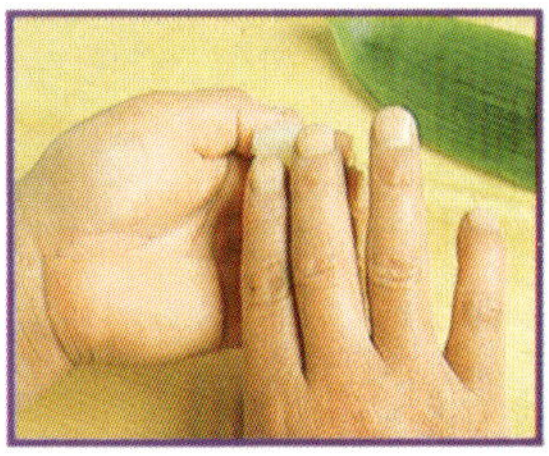

⑦ Repita como mostrado na figura 4 e 5. Verifique o formato novamente.

HIRAME

鮃 Linguado

Este é o linguado. Um bom *hirame* é o deleite do gourmet de *sushi*. Uma vez que o *sushi* é feito de apenas uma pequena parte do peixe, é escasso e caro. O linguado tem aparência de um rosa-pálido suave, sem nenhuma marca. Seu gosto é amanteigado e delicado, e fica melhor ainda nos meses de dezembro e janeiro.

Como preparar

① Limpe bem a superfície, remova as escamas usando a faca de um ângulo profundo, já que o linguado tem escamas finas e sobrepostas.

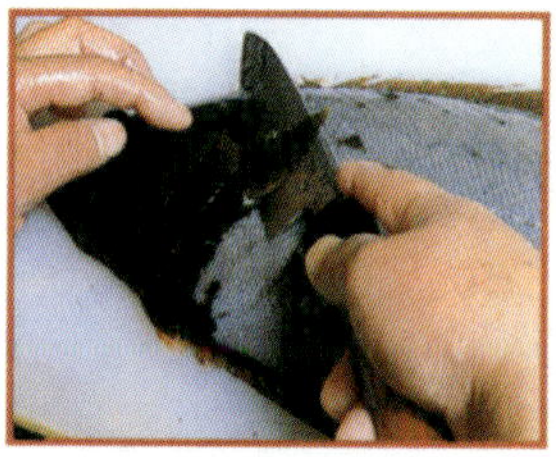

② Lave completamente. Faça um corte na barbatana peitoral em ambos os lados e corte a cabeça fora.

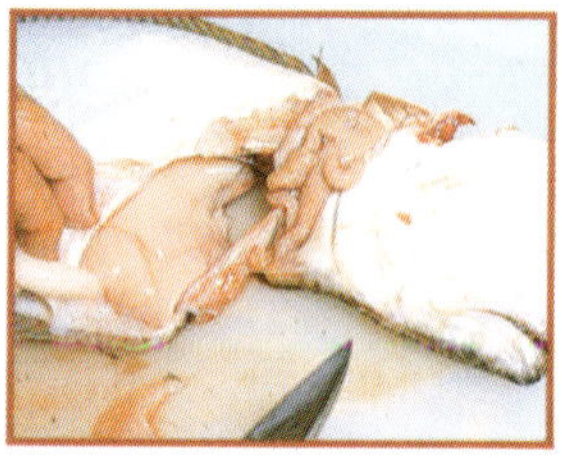

③ Abra uma fendinha na barriga, remova a cabeça e as entranhas.

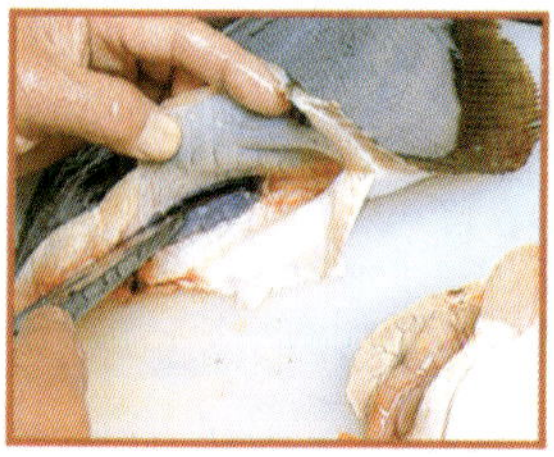

④ Raspe o resto das entranhas e o sangue escuro com a faca.

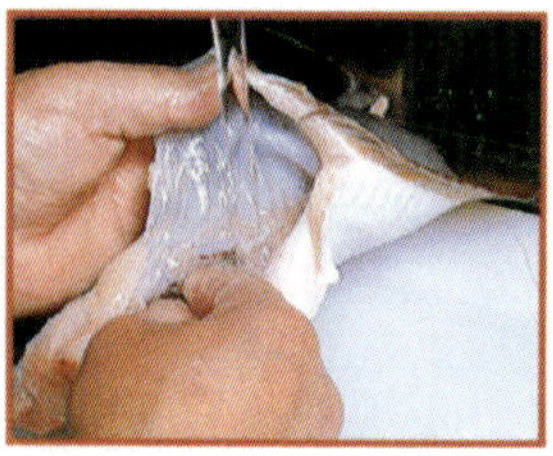

⑤ Lave na água corrente.

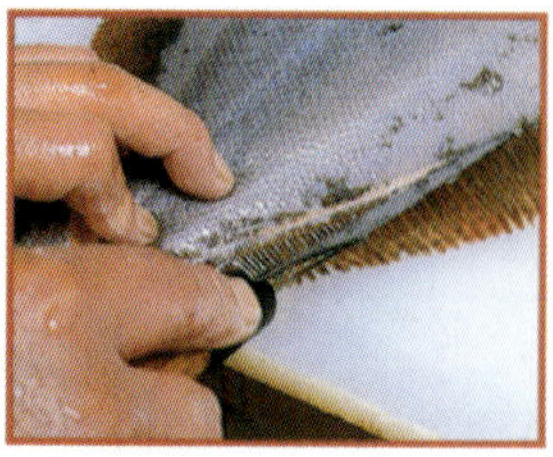

⑥ Faça um corte ao longo da barbatana.

⑦ Faça um corte ao longo da linha central da cabeça para o rabo.

⑧ Insira a faca no corte feito e liberte a carne do osso, do rabo para a cabeça (cortando em filés).

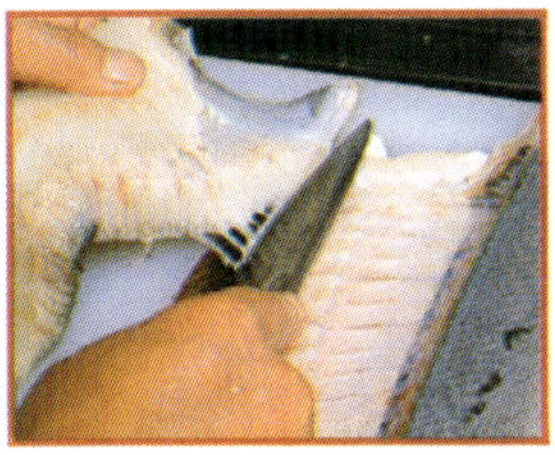

⑨ Como o linguado é frágil, tome cuidado. Vire. Corte outro filé. Trabalhe o outro lado.

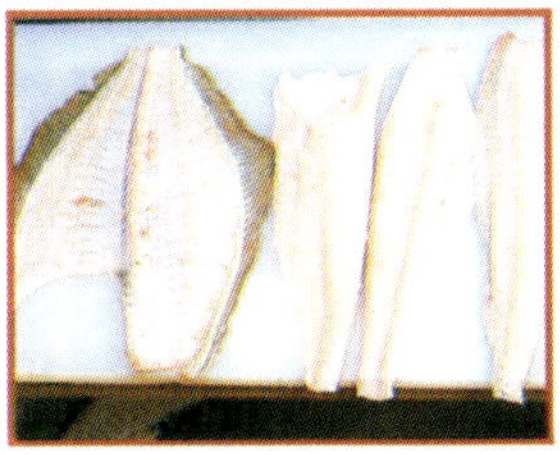

⑩ Agora os filés estão prontos.

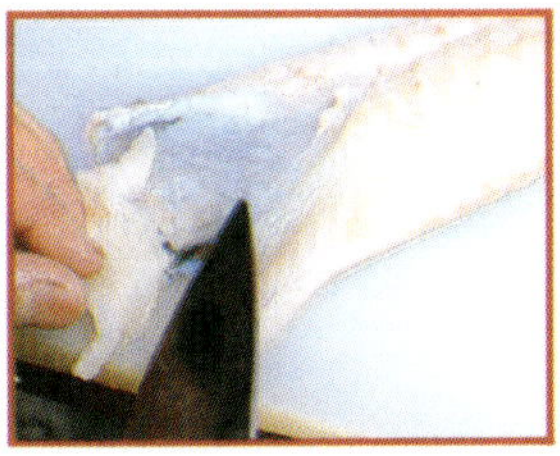

⑪ Corte os ossos pequenos ao longo da barriga. Ao cortar, mude e corte do ângulo direito em direção ao peixe.

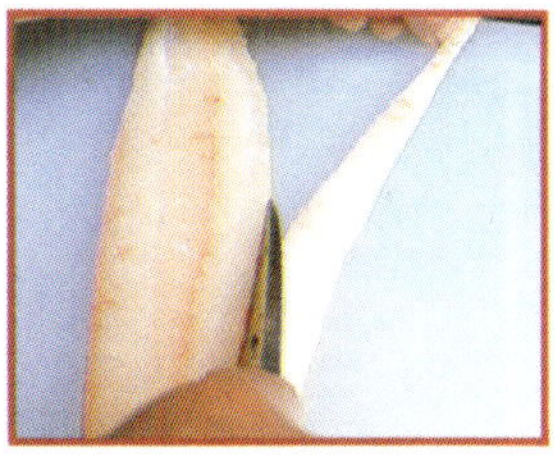

⑫ Corte as barbatanas.

⑬ Ponha a pele virada para baixo, insira a faca a partir do rabo, entre a pele e a carne. Puxando a ponta da pele com os dedos da mão esquerda, remova a pele.

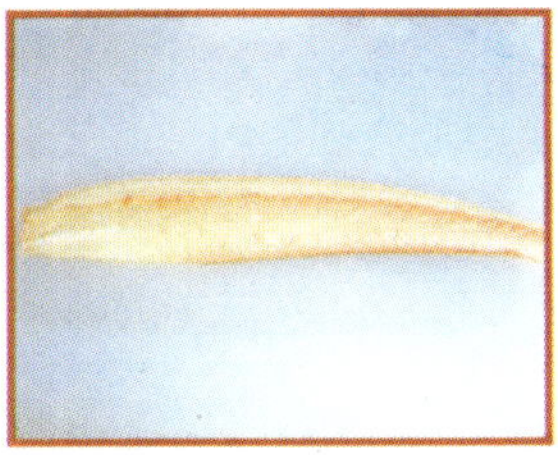

⑭ Depois de esfolada, está pronta para ser fatiada.

⑮ Corte em fatias de cerca de 3 mm de largura. Incline a faca para a direita e fatie da esquerda, bem fino.

⑯ As fatias devem estar tão finas a ponto de você poder ver a faca através delas (peixe branco é mais escasso em textura que peixe vermelho. Fatias grossas são difíceis de mastigar, e comprometem o sabor).

Como dar forma ao *sushi*

Ingredientes para dois *sushi*

2 fatias (10 g cada) de linguado

Cerca de 40 g de arroz para *sushi* (veja páginas 94 a 96)

Uma pitada de *wasabi*

① Mergulhe ambas as mãos em vinagre com água (na proporção de 3 partes de água para 1 de vinagre). Pegue um pouco de arroz (cerca de 20 g) e aperte gentilmente. Com a mão esquerda, pegue uma fatia de linguado. Coloque uma pitada de *wasabi* no centro com o dedo indicador da mão direita.

② Coloque o bolinho de arroz sobre o peixe. Com o dedo indicador da mão direita, aperte levemente o arroz contra o peixe. Isto faz com que o arroz grude no peixe.

③ Segure os dois lados do *sushi* entre o polegar e o indicador e mova os dedos da mão esquerda endireitando o *sushi* para que o peixe fique por cima.

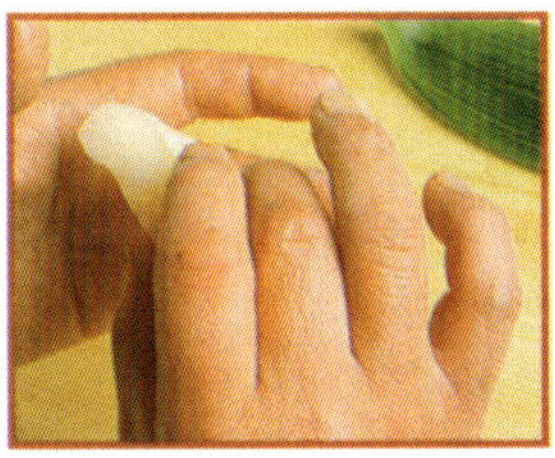

④ Aperte os lados do peixe com o polegar e o indicador da mão direita.

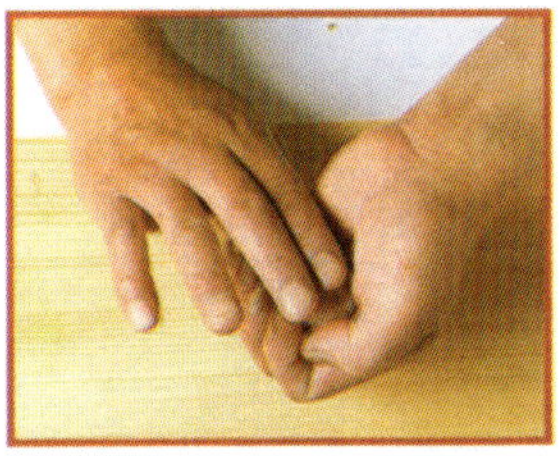

⑤ Modele o *sushi* empurrando a parte de cima com os dedos da mão direita e, com o polegar direito, a ponta.

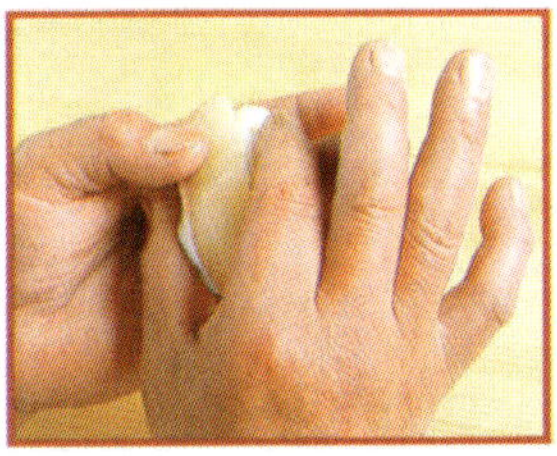

⑥ Com o polegar direito e o indicador, vire o *sushi* para que a outra ponta possa ser modelada também. Repita como mostrado na figura 4.

⑦ Repita como mostrado na figura 5. Verifique o formato novamente.

KOHADA

小鰭 Sável

Este é o sável japonês, membro da família do arenque. Um pequeno peixe cinza-prateado, com um costado pontilhado de preto. Antes de ser servido como *sushi*, é colocado no vinagre. Depois, a fatia é alinhada e colocada em cima do arroz. O sabor é forte e franco favorito entre os admiradores do arenque.

Como preparar

① Mergulhe o peixe na água antes. Remova a barbatana dorsal. Raspe as escamas partindo do rabo para a cabeça.

② Insira a faca por trás dos pontos escuros na área da cabeça e corte-a fora.

③ Corte a parte de baixo da barriga. Não remova muita carne.

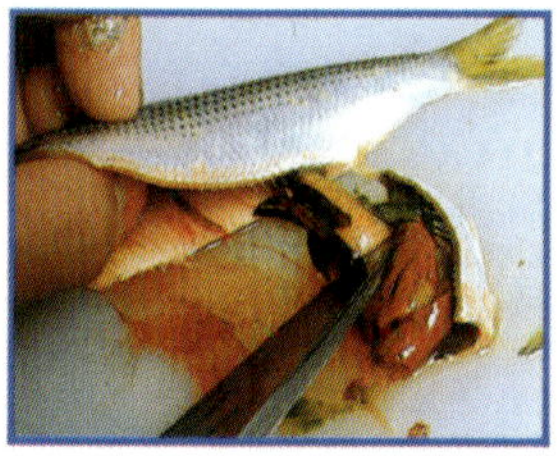

④ Raspe as entranhas.

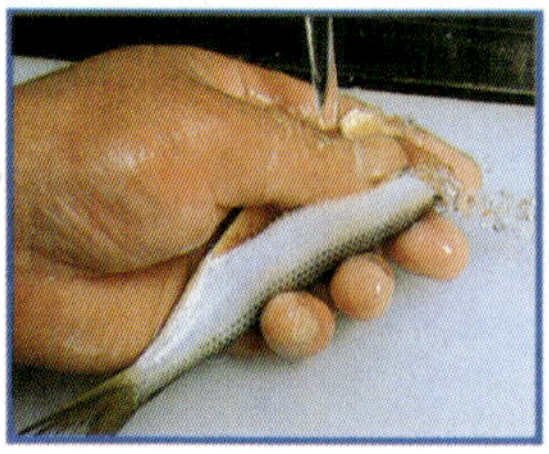

⑤ Lave completamente.

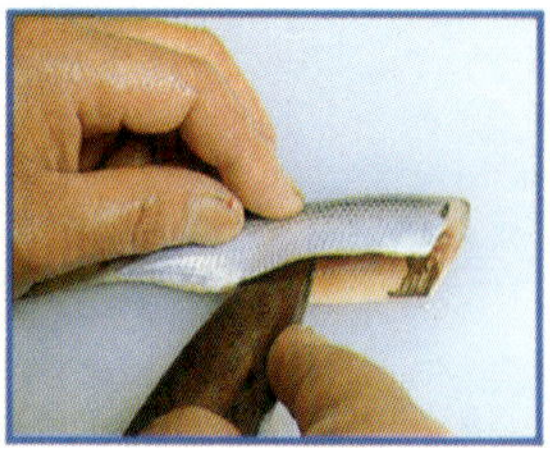

⑥ Insira a faca na barriga, corte ao longo da espinha para abrir.

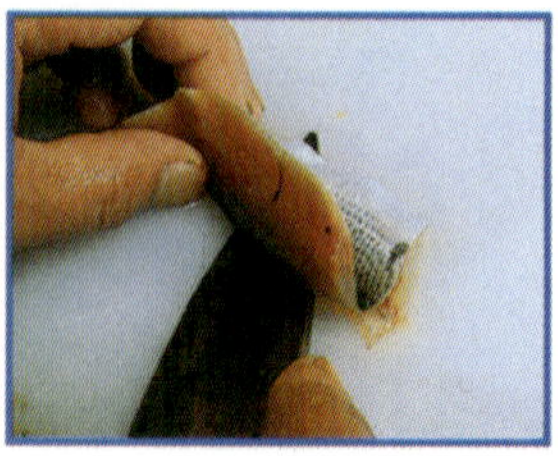

⑦ Segure o peixe com a barriga para baixo. Insira a faca entre a carne e o osso e remova este e o rabo.

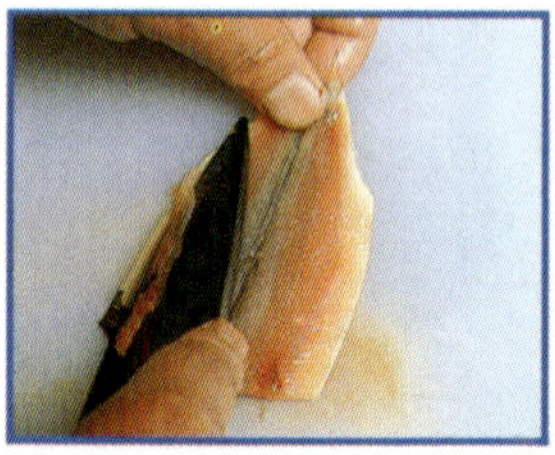

⑧ Retire os ossos pequenos ao longo da barriga. Ao cortar, faça-o de ângulos direitos em direção ao peixe.

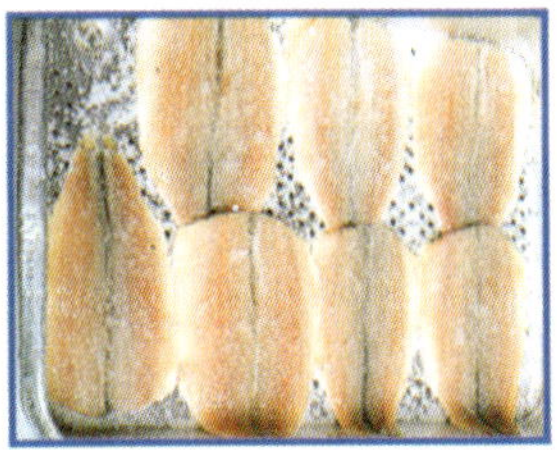

⑨ Salpique sal no fundo de um prato raso (que não seja de metal). Alinhe os filés com a pele virada para baixo. Salpique sal e deixe descansar por meia hora. Isto dará um gosto melhor à carne.

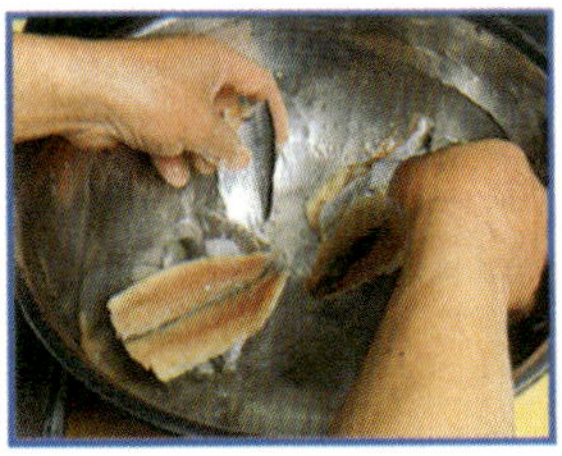

⑩ Lave e seque.

⑪ Deixe no vinagre com a pele virada para baixo por cerca de 10 minutos.

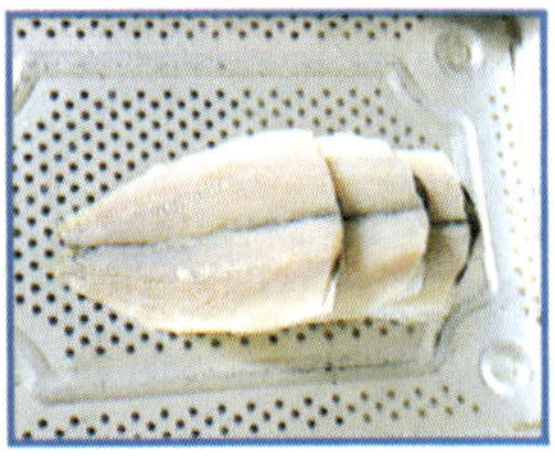

⑫ Despeje fora o vinagre e deixe escoando por cerca de meia hora.

⑬ Depois de escoado, está pronto para comer.

⑭ Corte fora o rabo e a parte dura ao longo da barbatana dorsal.

⑮ Faça um corte em cruz na pele.

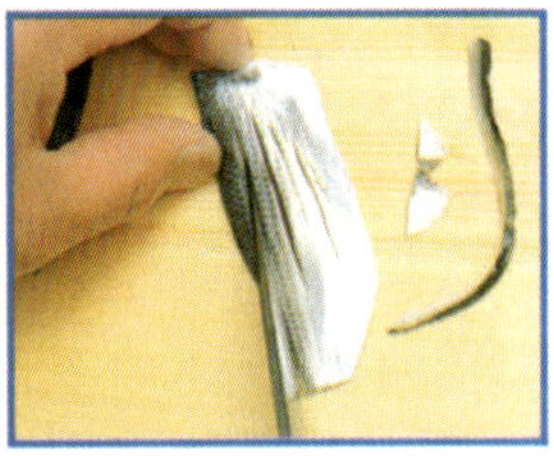

⑯ Corte em forma de ondas.

Como dar forma ao *sushi*

Ingredientes para dois *sushi*

2 fatias (15 g cada) de sável
Cerca de 40 g de arroz para *sushi* (veja páginas 94 a 96)
Uma pitada de *wasabi*

① Mergulhe ambas as mãos em vinagre com água (na proporção de 3 partes de água para 1 de vinagre). Pegue um pouco de arroz (cerca de 20 g) e aperte gentilmente. Com a mão esquerda, pegue uma fatia de sável. Coloque uma pitada de *wasabi* no centro com o dedo indicador da mão direita.

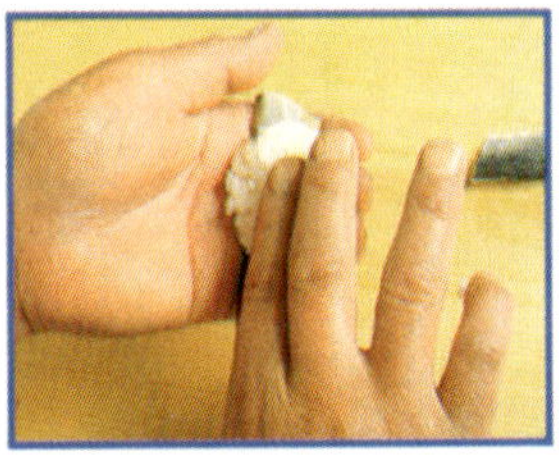

② Deite o bolinho de arroz sobre o peixe. Com o dedo indicador da mão direita, aperte levemente o arroz contra o peixe. Isto faz com que o arroz grude no peixe.

③ Segure os dois lados do *sushi* entre o polegar e o indicador e mova os dedos da mão esquerda endireitando o *sushi* para que o peixe fique por cima.

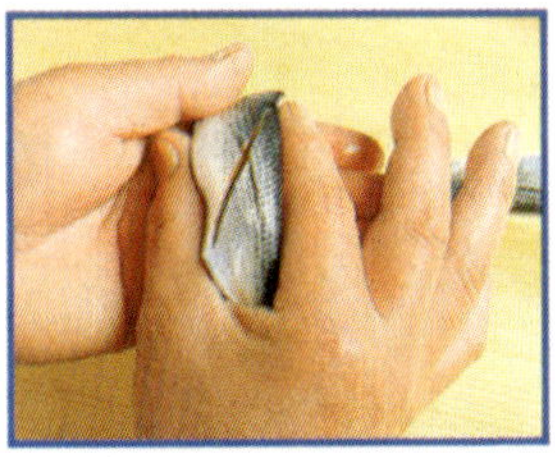

④ Aperte os lados do peixe com o polegar e o indicador da mão direita.

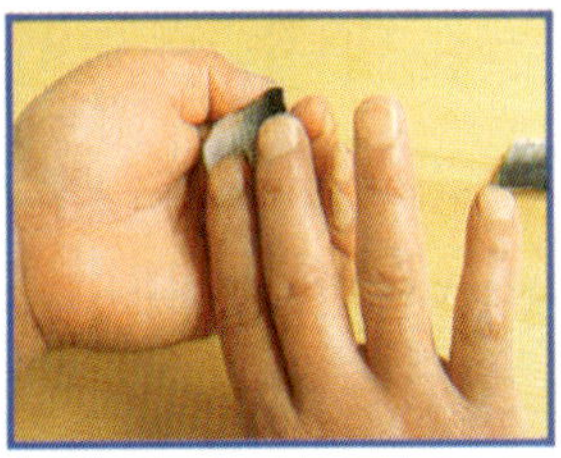

⑤ Modele o *sushi* empurrando a parte de cima com os dedos da mão direita e, com o polegar direito, a ponta.

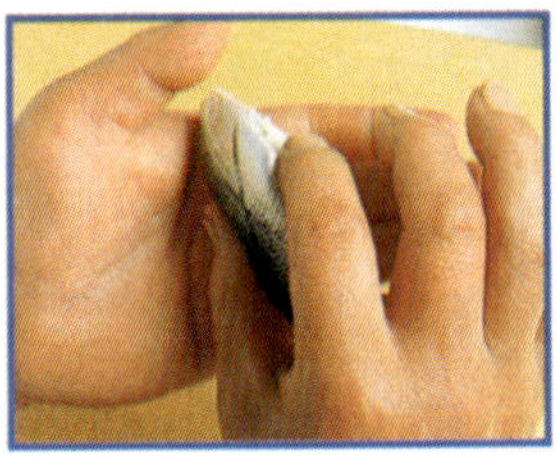

⑥ Com o polegar direito e o indicador, vire o *sushi* para que a outra ponta possa ser modelada também. Aperte firmemente os lados.

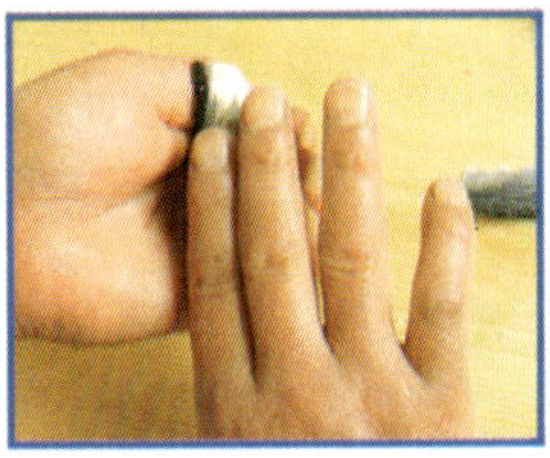

⑦ Repita como mostrado na figura 5.

AJI 鯵 Cavalinha

Esta é a cavalinha, um peixe rosa-acinzentado brilhante. Quando fresco, a carne é quase transparente. De textura escorregadia, desmancha-se na boca. O *aji* normalmente é degustado com molho feito de soja, cebolinha, gengibre ou alho amassado. Tais condimentos, aliados ao arroz apropriado, torna o *sushi* algo diferente.

Como preparar

① Depois de passar o peixe em água com sal, remova as escamas duras a partir do rabo. Insira a faca sob a barbatana peitoral e corte a cabeça.

② Faça uma abertura da barriga à barbatana anal. Remova as tripas e lave.

③ Insira a faca a partir das costas e separe a carne ao longo da espinha.

④ Dois filés, um com osso.

⑤ Insira a faca a partir das costas e separe o outro filé da espinha.

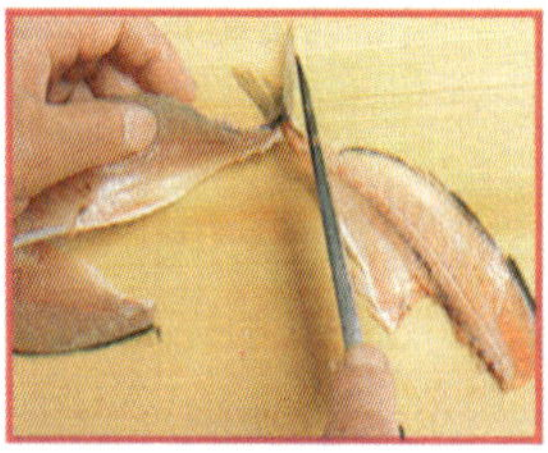

⑥ Remova o esqueleto.

⑦ Retire os ossos pequenos ao longo da barriga. Ao cortar, trabalhe a faca em ângulo direito.

⑧ Com uma pinça, retire os ossos pequenos ao longo da linha central do peixe.

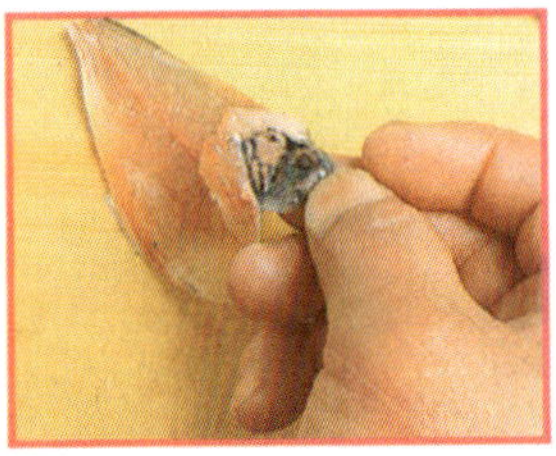

⑨ Retire a pele com a mão começando da cabeça.

⑩ Puxando a pele com a mão esquerda e prendendo o peixe com a faca pelo lado contrário, retire a pele.

⑪ Retire o resto de pele com a mão.

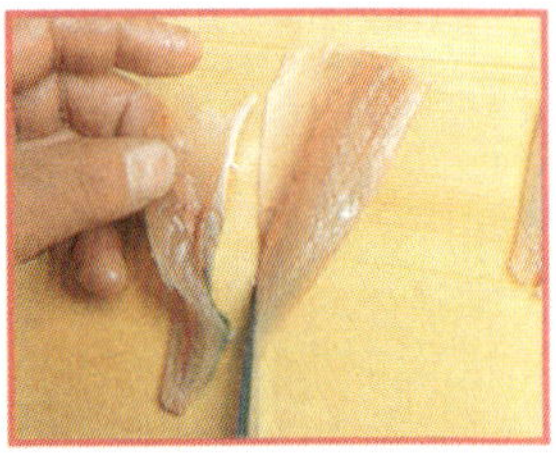

⑫ Corte em metades de acordo com o tamanho da bola de arroz.

Como dar forma ao *sushi*

Ingredientes para dois *sushi*

2 fatias (15 g cada) de cavalinha

Cerca de 40 g de arroz para *sushi* (veja páginas 94 a 96)
Gengibre, folha de *shiso*, cebolinha e fatias de limão

① Mergulhe ambas as mãos em vinagre com água (na proporção de 3 partes de água para 1 de vinagre). Pegue um pouco de arroz (cerca de 20 g) e aperte gentilmente.

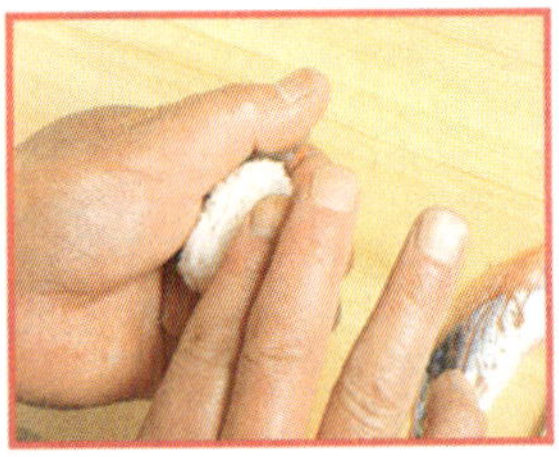

② Com a mão esquerda, pegue uma fatia de cavalinha e ponha a bola de arroz sobre o peixe. Aperte levemente o arroz contra o peixe.

③ Segure os dois lados do *sushi* entre o polegar e o indicador e mova os dedos da mão esquerda endireitando o *sushi* para que o peixe fique por cima.

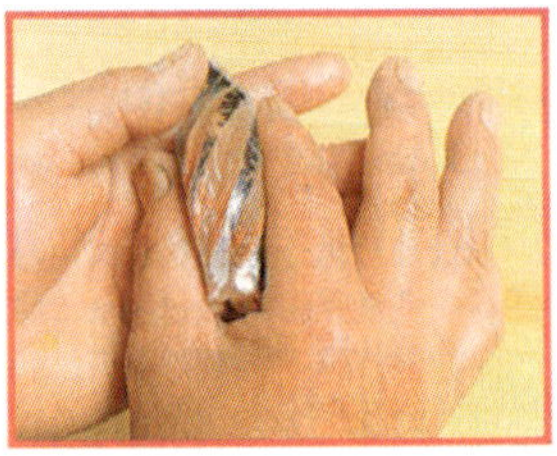

④ Aperte os lados do peixe com o polegar e o indicador da mão direita.

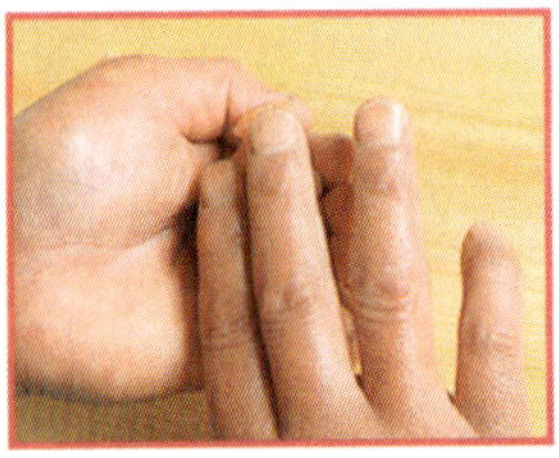

⑤ Modele o *sushi* empurrando a parte de cima com os dedos da mão direita e, com o polegar direito, a ponta. Vire o *sushi* para que a outra ponta possa ser modelada também. Verifique o formato novamente.

⑥ Corte a folha de *shiso* em tiras de 1 cm de largura.

⑦ Coloque as tiras de *shiso* no *sushi*.

⑧ Coloque a cebolinha cortada bem fina sobre o *shiso*.

⑨ Rale o gengibre.

⑩ Coloque o gengibre por cima.

⑪ Se desejar, enfeite o *sushi* com uma fatia de limão.

IWASHI 鰯

Sardinha

A comum e abundante sardinha, quando é fatiada ainda fresca e colocada no arroz próprio de *sushi*, fica saborosa e nutritiva. Pode ser comida com molho de soja e gengibre fresco, ou cebolinha. De aspecto brilhante e escorregadia, o sabor do *sushi* de sardinha é ligeiramente oleoso. Este peixe deve ser comido logo depois de pescado, se for usado para fazer *sushi*.

Como preparar

① Corte em dois filés sem osso, da mesma forma que a cavalinha (veja páginas 18 e 19). Deixe no vinagre durante cerca de dez minutos.

② Como a pele da sardinha é macia, não é necessário removê-la. Mas, se desejar, faça-o com a mão.

③ Faça algumas incisões na carne para que o peixe grude no arroz.

Como dar forma ao *sushi*

Ingredientes para dois *sushi*

2 fatias (15 g cada) de sardinha

Cerca de 40 g de arroz para *sushi* (veja páginas 94 a 96)
Uma pitada de *wasabi*

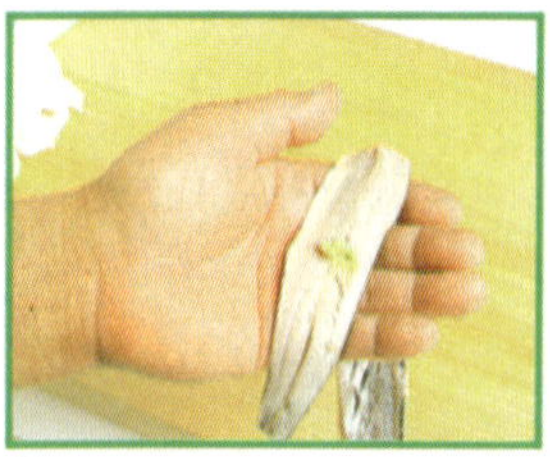

① Mergulhe ambas as mãos em vinagre com água (na proporção de 3 partes de água para 1 de vinagre). Pegue um pouco de arroz (cerca de 20 g) e aperte gentilmente. Pegue uma fatia de sardinha na mão esquerda. Com o dedo indicador, coloque uma pitada de *wasabi* no centro.

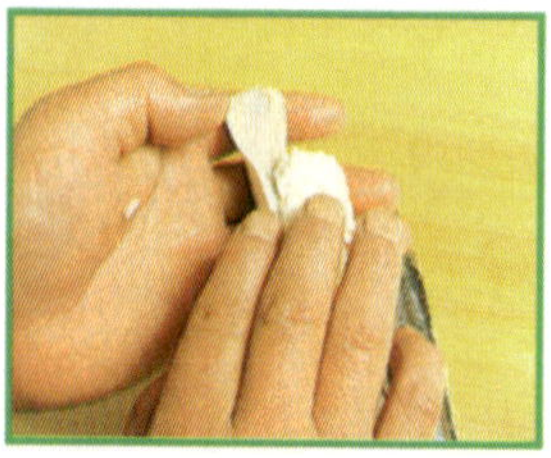

② Coloque a bola de arroz sobre a sardinha e aperte levemente com o dedo indicador da mão direita. Segure os dois lados do *sushi* entre o polegar e o indicador e mova os dedos da mão esquerda endireitando o *sushi* para que o peixe fique por cima.

③ Aperte os lados do peixe com o polegar e o indicador da mão direita.

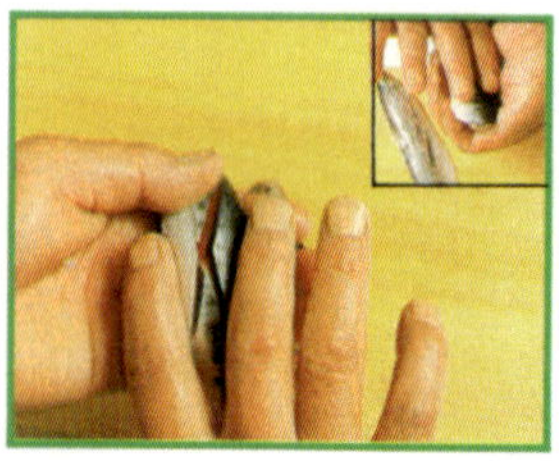

④ Modele o *sushi* empurrando a parte de cima com os dedos da mão direita e, com o polegar direito, a ponta. Vire o *sushi* para que a outra ponta possa ser modelada também. Verifique o formato novamente.

O *kisu* é também pescado na Coreia do Sul, África e Austrália. Uma vez que a carne do *kisu* contém apenas 1,5 g de gordura para cada 100 g, o sabor é suave e delicado. O *kisu*, quando fresco, tem pele dourada brilhante. Normalmente, é posto no vinagre antes de ser usado para fazer *sushi*.

Como preparar

① Abra o peixe pelas costas e deixe no vinagre, da mesma forma como é feito com o sável (veja páginas 16 e 17).

② Corte o rabo. Corte a carne no meio.

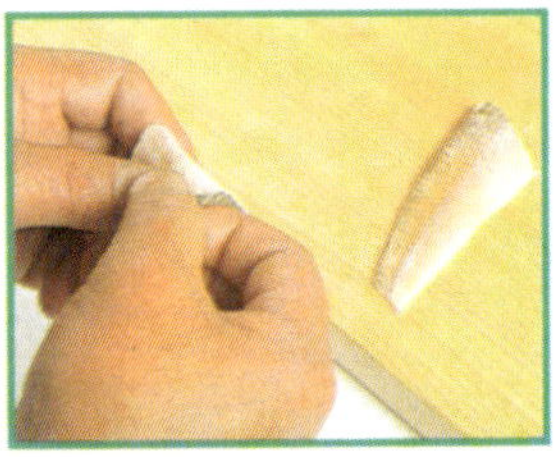

③ Retire a pele com a mão da cabeça para o rabo.

Como dar forma ao *sushi*

Ingredientes para dois *sushi*

2 fatias (15 g cada) de *kisu*
Cerca de 40 g de arroz para *sushi* (veja páginas 94 a 96)
Uma pitada de *wasabi*

① Mergulhe ambas as mãos em vinagre com água (na proporção de 3 partes de água para 1 de vinagre). Pegue um pouco de arroz (cerca de 20 g) e aperte gentilmente. Pegue uma fatia de *kisu* na mão esquerda. Com o dedo indicador, coloque uma pitada de *wasabi* no centro.

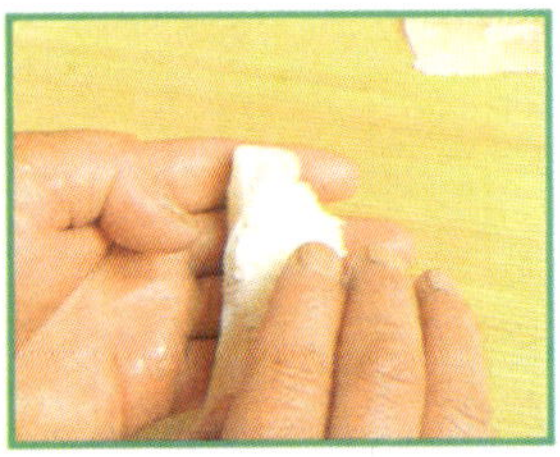

② Coloque a bola de arroz sobre o peixe e aperte levemente com o dedo indicador da mão direita. Isto serve para fazer com que o arroz grude no peixe.

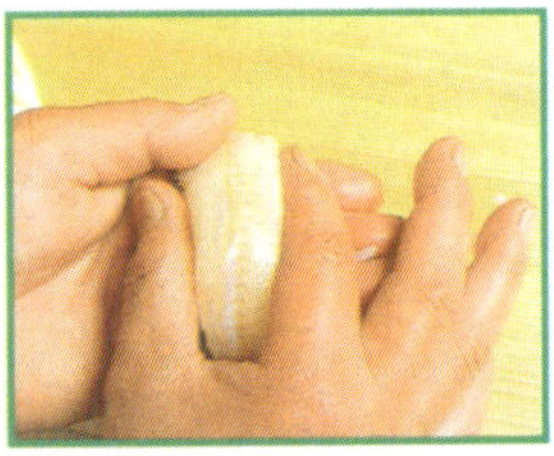

③ Segure o *sushi* entre o polegar e o indicador e mova os dedos da mão esquerda endireitando o *sushi* para que o peixe fique por cima.

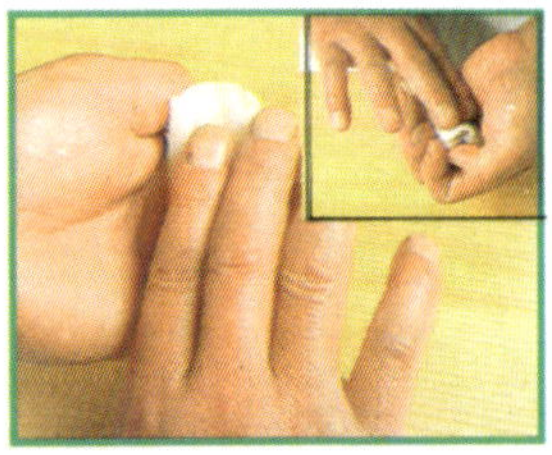

④ Modele o *sushi* empurrando a parte de cima com os dedos da mão direita e, com o polegar direito, a ponta. Vire o *sushi* para que a outra ponta possa ser modelada também. Verifique o formato novamente.

ANAGO 穴子 Congro

Este é o congro. O *anago* é pré-cozido ou grelhado e então untado com o grosso e doce molho de *teriyaki* (feito com o caldo da enguia, açúcar e molho de soja, fervido durante um bom tempo). O congro macio e levemente aquecido, aliado ao molho de soja doce e o arroz avinagrado, fazem da enguia um prato *sushi* especial.

Como preparar

① Coloque o congro na tábua com a cabeça para a direita. Prenda a cabeça firmemente na tábua.

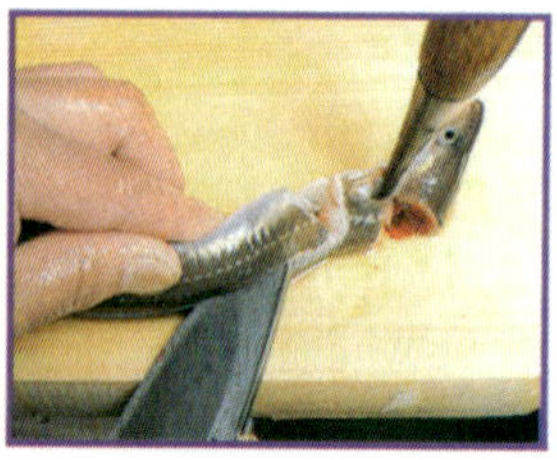

② Faça cortes profundos na base da cabeça. Insira a faca pelas costas até a espinha e corte em direção ao rabo.

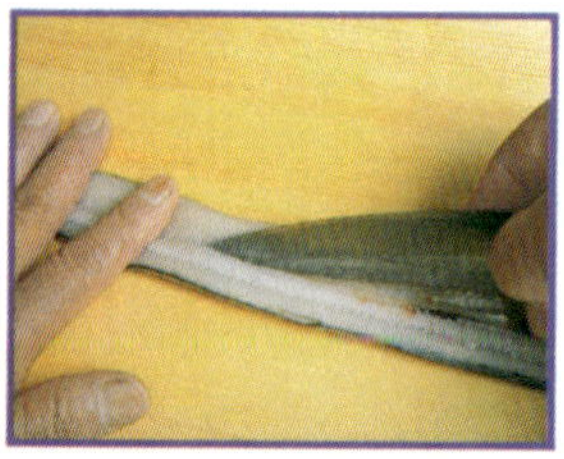

③ Com a ponta da faca, repita a operação anterior para abrir todo o filé.

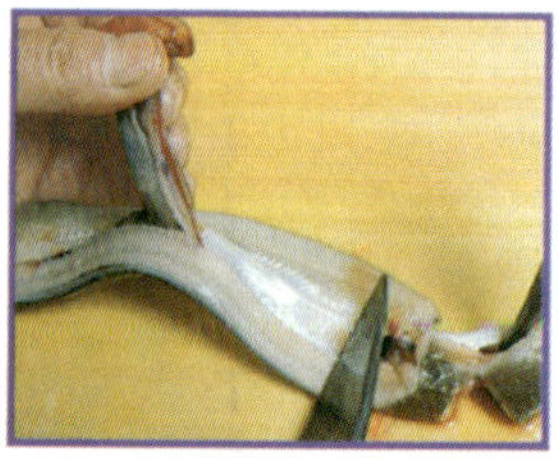

④ Raspe as entranhas com a faca e retire o restante com as mãos.

⑤ Corte o peixe somente a partir da base da cabeça. Insira a faca por baixo e trabalhe em direção ao rabo para remover o osso.

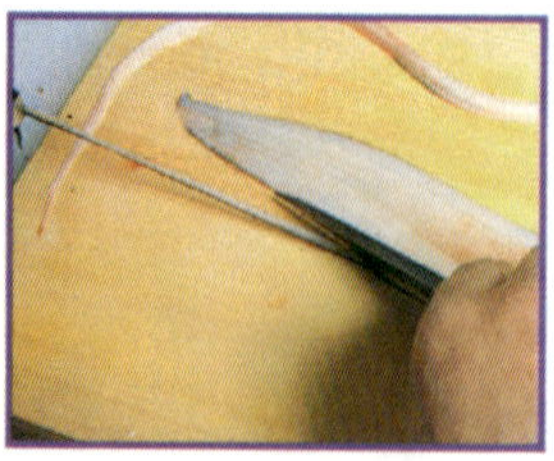

⑥ Corte as barbatanas dorsal e anal.

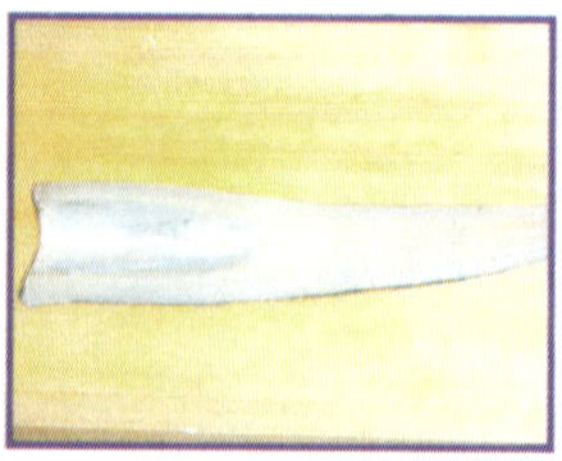

⑦ Lave bem e seque.

⑧ Numa caçarola, coloque uma xícara de *dashi*, meia xícara de molho de soja, meia xícara de *mirin* e uma pitada de açúcar. Ponha para ferver. Remova a espuma. Coloque o congro com a pele virada para baixo.

⑨ Cozinhe em fogo alto com a caçarola destampada até ferver. Diminua o fogo e deixe por mais cinco minutos.

⑩ Remova o congro da caçarola imediatamente e esfrie-o.

⑪ O congro depois de cozido.

⑫ Corte em tiras de cerca de 3 cm de largura.

Como dar forma ao *sushi*

Ingredientes para dois *sushi*

2 fatias (12 g cada) de congro
Cerca de 40 g de arroz para *sushi* (veja páginas 94 a 96)
Molho *teriyaki*

① Mergulhe ambas as mãos em vinagre com água (na proporção de 3 partes de água para 1 de vinagre). Pegue um pouco de arroz (cerca de 20 g) e aperte gentilmente.

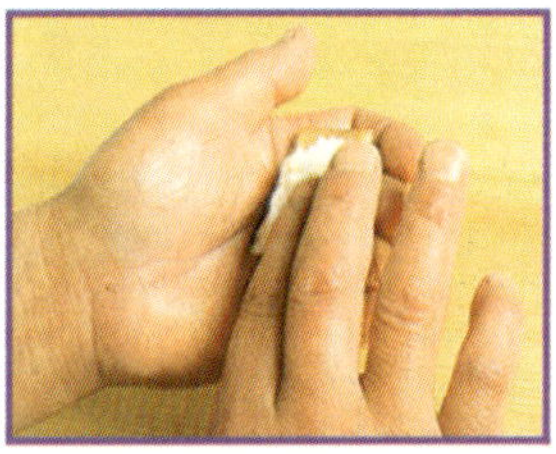

② Pegue uma fatia de congro na mão esquerda, coloque a bola de arroz sobre o peixe e aperte levemente com o dedo indicador da mão direita. Isto serve para fazer com que o arroz grude no peixe.

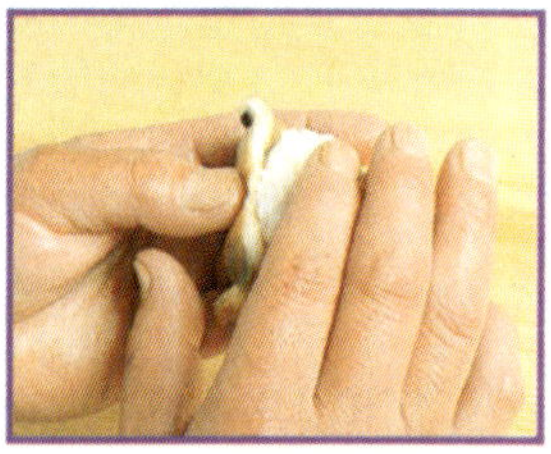

③ Segure o *sushi* pelos lados com o polegar e o indicador da mão direita e mova os dedos da mão esquerda endireitando o *sushi* para que o peixe fique por cima.

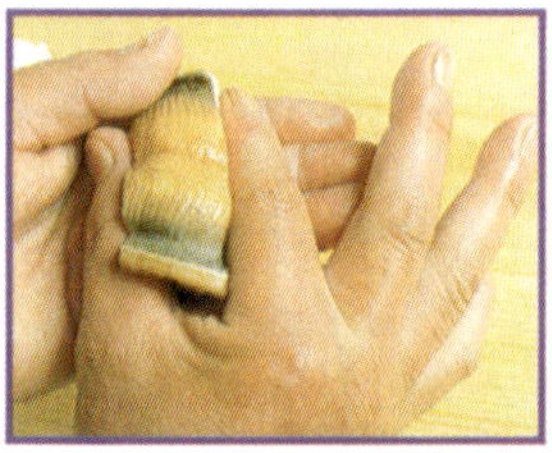

④ Aperte os lados do peixe com o polegar e o indicador.

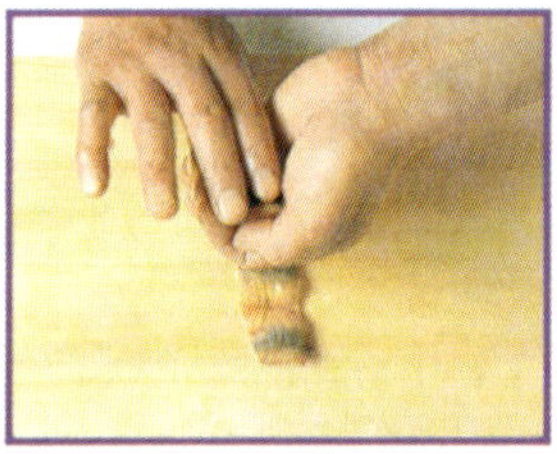

⑤ Modele o *sushi* apertando com os dedos da mão direita e, com o polegar esquerdo, a ponta.

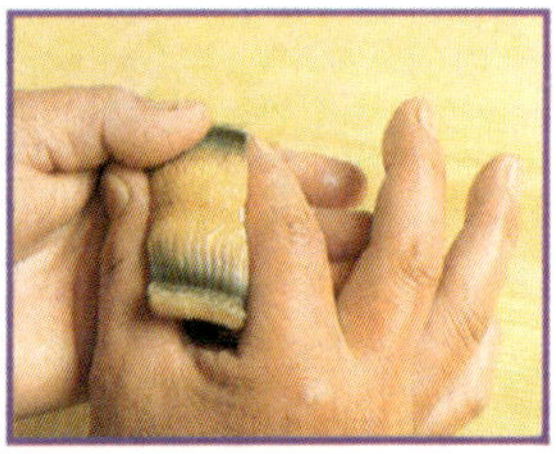

⑥ Vire e repita como mostrado nas figuras 4 e 5. Verifique o formato novamente.

⑦ Pincele molho *teriyaki* por cima.

Molho *teriyaki*

O molho *teriyaki* é feito com o caldo de congro ou tentáculos de siba para torná-lo mais saboroso. Para fazer o molho, cozinheiros profissionais usam a água na qual os congros foram cozidos.

Como fazer o molho

① Coe a água em um pano.
② Ponha a água, o açúcar, o mirin e o molho de soja para ferver.
③ Quando a espuma se formar, remova-a com uma toalha ou lenço de papel.
④ Cozinhe em fogo baixo de 5 a 6 horas.
⑤ Se o molho formar fios ao ser erguido com a ponta do hashi, já está pronto.

*A fim de manter uma certa viscosidade, mude a densidade do molho *teriyaki* de acordo com a estação. A viscosidade diminui à medida que a temperatura aumenta. Assim, no verão, o molho precisa estar mais grosso, ou não se fixará no peixe.

AWABI

鮑 Haliote

Conhecido como *awabi* ou haliote do mar, este é outro favorito dos degustadores de *sushi*. A cor varia do bege-acinzentado para o amarelo rosado. O *awabi* fresco, antes de ficar muito "emborrachado", faz um bom contraste em sabor e textura quando provado com arroz avinagrado. O acréscimo de *wasabi* e molho de soja também confere um sabor sutil ao *awabi*.

Como preparar

① Salpique sal para encolher.

② Segure a parte mais fina. Insira uma espátula ou faca entre a carne e a concha.

③ Erga a carne.

④ Retire a carne cuidadosamente com a mão, deixando as entranhas e filamentos presos à concha.

⑤ Lave e escove com uma escova dura.

⑥ Seque com um pano.

⑦ A parte que se liga à concha e à carne é também usada. Assim, corte-a em fatias.

⑧ Fatie com movimentos ondulados.

⑨ Corte a carne em fatias de 3 mm. Faça algumas incisões na parte mais dura com a ponta da faca.

Como dar forma ao *sushi*

Ingredientes para dois *sushi*

2 fatias (10 g cada) de *awabi*
Cerca de 40 g de arroz para *sushi* (veja páginas 94 a 96)
Uma pitada de *wasabi*

① Mergulhe ambas as mãos em vinagre com água (na proporção de 3 partes de água para 1 de vinagre). Pegue um pouco de arroz (cerca de 20 g) e aperte gentilmente.

② Pegue uma fatia de *awabi* na mão esquerda e, com o indicador direito, coloque uma pitada de *wasabi* no centro.

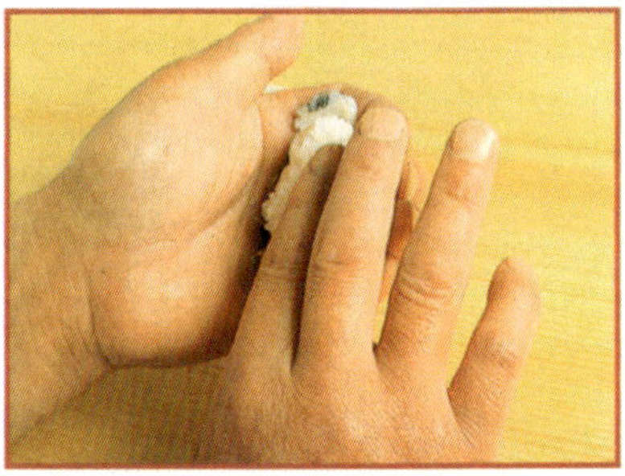

③ Coloque a bola de arroz sobre o peixe e aperte levemente com o dedo indicador da mão direita.

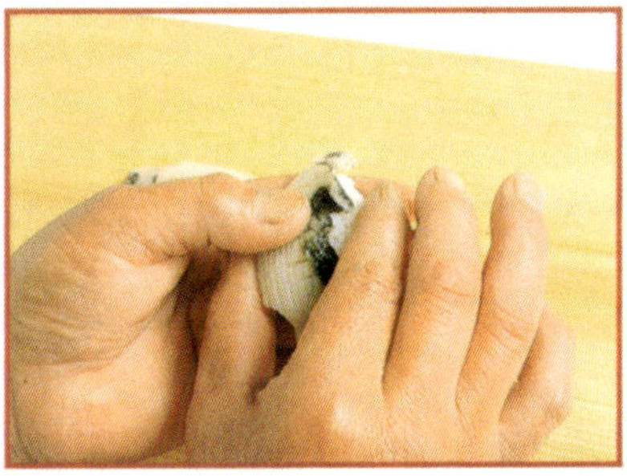

④ Segure o *sushi* pelos lados com o polegar e o indicador da mão direita e mova os dedos da mão esquerda endireitando o *sushi* para que o peixe fique por cima.

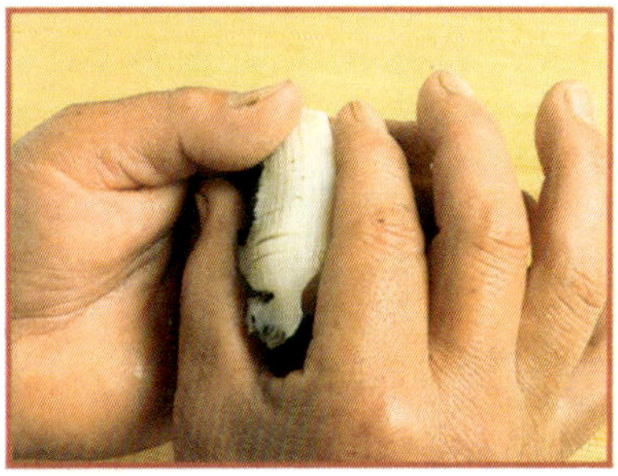

⑤ Aperte os lados com o polegar e o indicador.

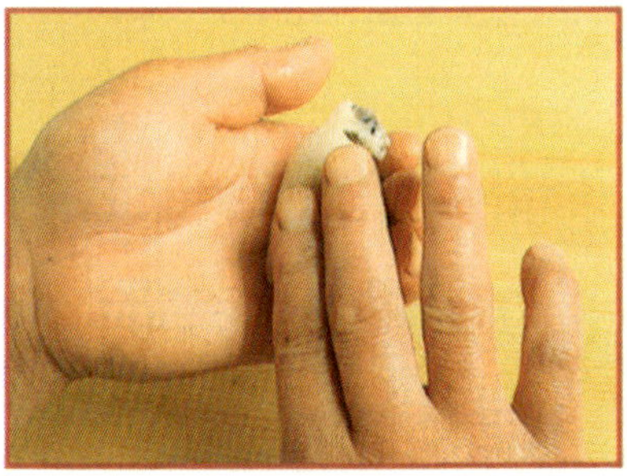

⑥ Modele o *sushi* apertando com os dedos da mão direita e, com o polegar esquerdo, a ponta.

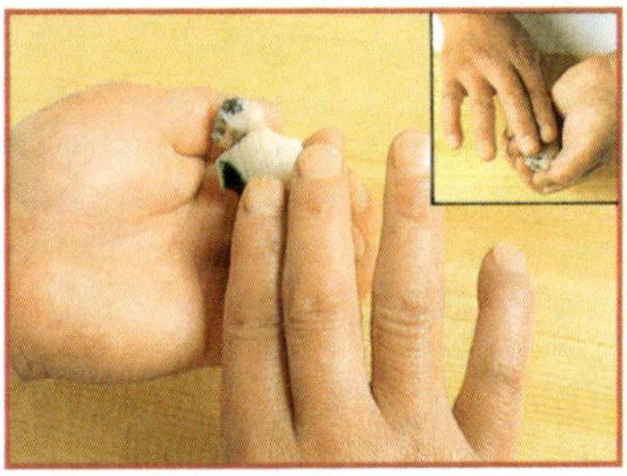

⑦ Com o polegar direito e o indicador, vire o *sushi* para que a outra ponta possa ser modelada também. Repita como mostrado nas figuras 5 e 6. Verifique o formato novamente.

⑧ Pronto.

HOTATEGAI 帆立貝 Concha de romeiro

Esta é a concha de romeiro. A parte comestível é o músculo adutor que abre a concha. Tem uma cor amarelo-bege pálida e traz, às vezes, uma borda marrom encrostada. O sabor é delicado, desmancha na boca, e combina bem com arroz de *sushi*.

Como preparar

① Segure a concha com a parte mais plana virada para baixo e a parte da dobradiça para trás. Insira um utensílio de ponta fina entre as duas partes da concha e gire-o para abrir.

② Agora a concha está aberta.

③ Insira um utensílio de ponta fina entre a carne e a concha, e separe a carne da concha.

④ Agora a concha e a carne estão separadas.

⑤ Retire as entranhas. Extraia os filamentos, empurrando o polegar para dentro da cavidade onde estavam as entranhas.

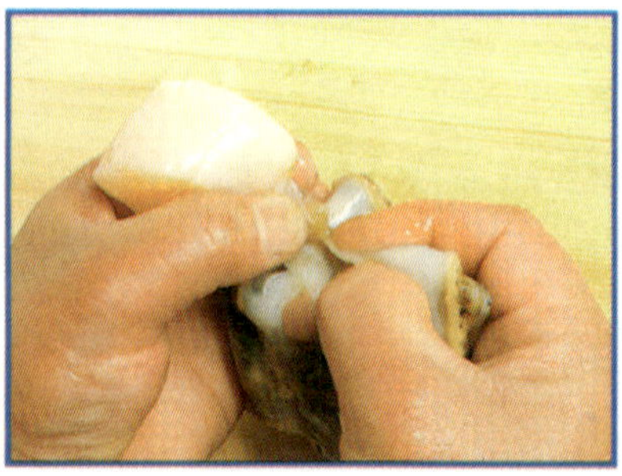

⑥ Separe o músculo adutor dos filamentos. Salpique sal e lave a viscosidade, esfregando a carne suavemente.

⑦ Agora o músculo e os filamentos estão separados.

⑧ Se o músculo for grosso, corte pela metade.

⑨ Corte novamente pela metade, deixando, desta vez, a ponta sem cortar, para que possa ser aberta pela parte de cima.

Como dar forma ao *sushi*

Ingredientes para dois *sushi*

2 fatias (10 g cada) de concha de romeiro

Cerca de 40 g de arroz para *sushi* (veja páginas 94 a 96)

Duas tiras (1 x 10 cm) de alga

Uma pitada de *wasabi*

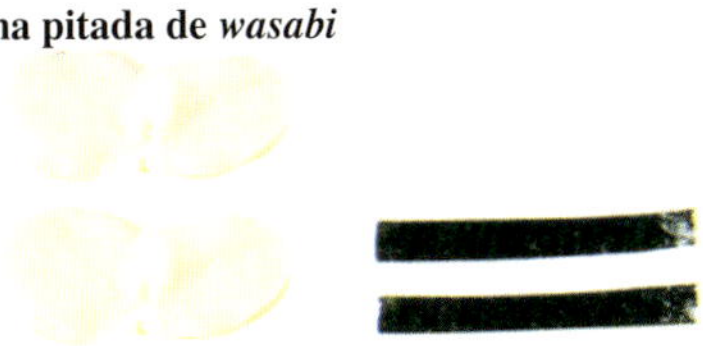

① Mergulhe ambas as mãos em vinagre com água (na proporção de 3 partes de água para 1 de vinagre). Pegue um pouco de arroz (cerca de 20 g) e aperte gentilmente.

② Pegue uma fatia de concha de romeiro na mão esquerda e, com o indicador direito, coloque uma pitada de *wasabi* no centro.

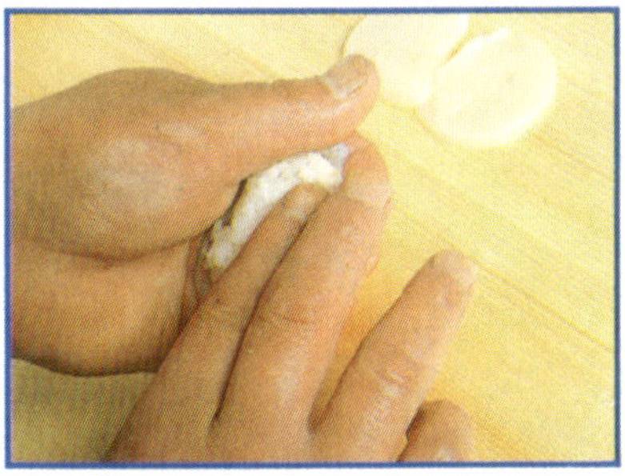

③ Coloque a bola de arroz sobre o peixe e aperte levemente com o dedo indicador da mão direita. Isto faz com que o arroz grude no peixe.

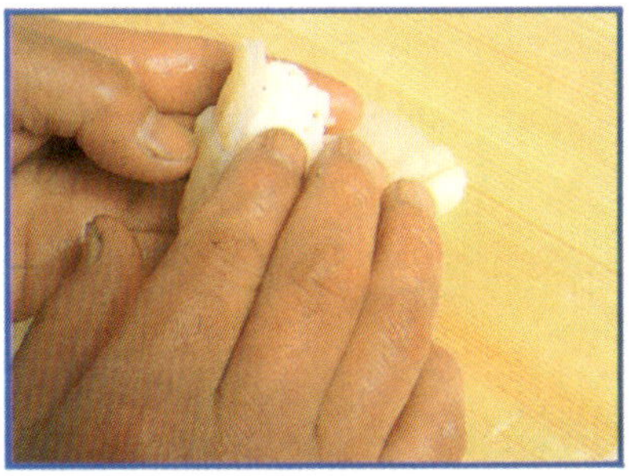

④ Segure o *sushi* pelos lados com o polegar e o indicador da mão direita e mova os dedos da mão esquerda endireitando o *sushi* para que o peixe fique por cima.

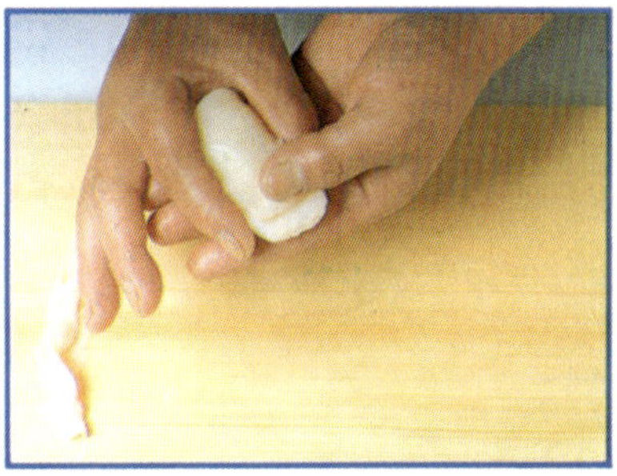

⑤ Aperte os lados com o polegar e o indicador.

⑥ Modele o *sushi* apertando com os dedos da mão direita e, com o polegar esquerdo, a ponta.

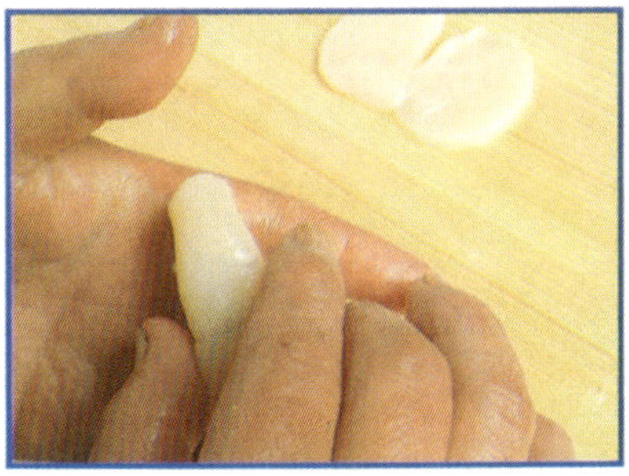

⑦ Com o polegar direito e o indicador, vire o *sushi* para que a outra ponta possa ser modelada também. Repita como mostrado nas figuras 5 e 6. Verifique o formato novamente.

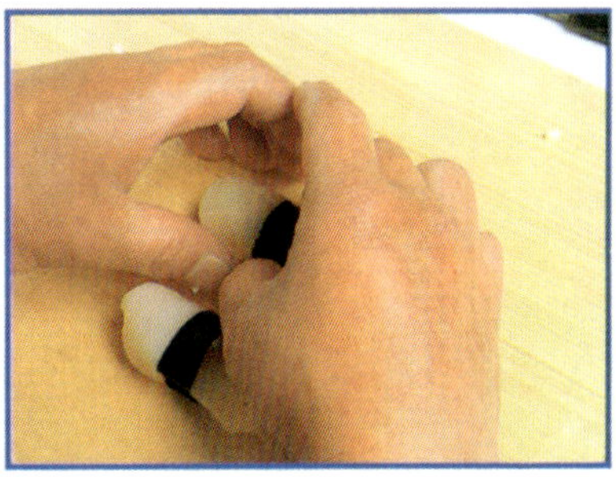

⑧ Enrole o *sushi* com uma tira de alga.

MIRUGAI 海松貝 Mexilhão

Molusco grande de concha dura e de uma cor branco-amarelada. Tem um leve sabor de marisco, uma textura do tipo elástica, e é melhor quando comido bem fresco. A parte usada no *sushi* é o longo sifão muscular que se projeta para fora da concha.

Como preparar

① Insira um utensílio de ponta fina entre as duas partes da concha e abra-a.

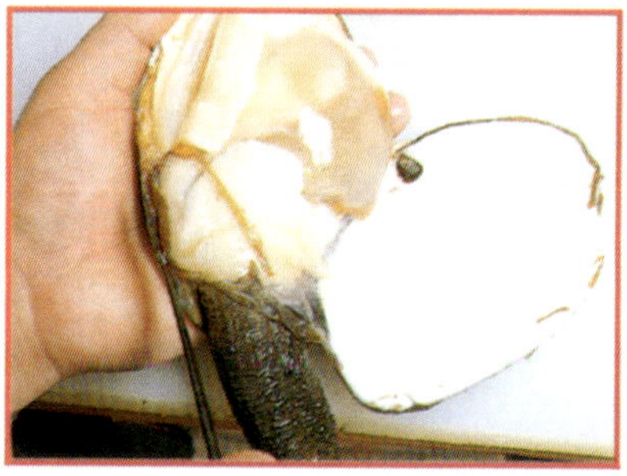

② Insira um utensílio de ponta fina entre a carne e a concha, e separe a carne da concha.

③ Lave bem e deixe em água fervente por 1 minuto.

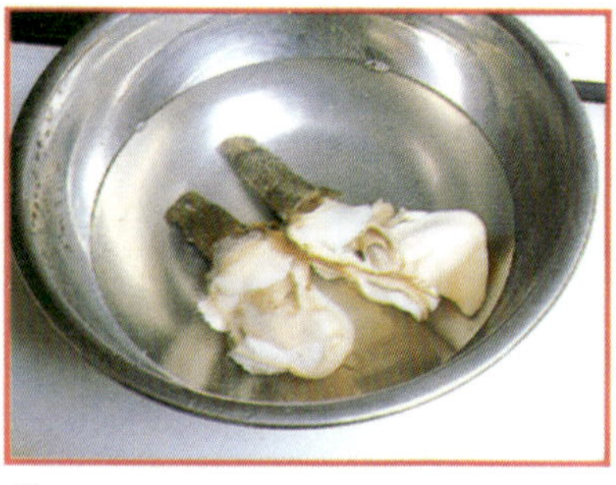

④ Mergulhe em água fria para evitar cozinhar demais.

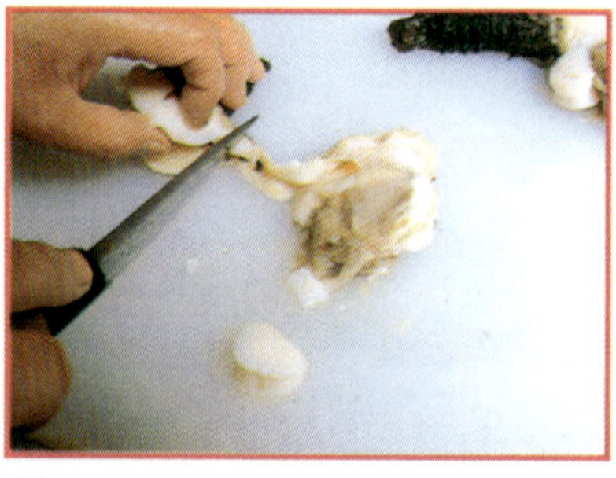

⑤ Corte as parte dos chifres que saem da concha. Esta parte é usada para cobrir o *sushi*.

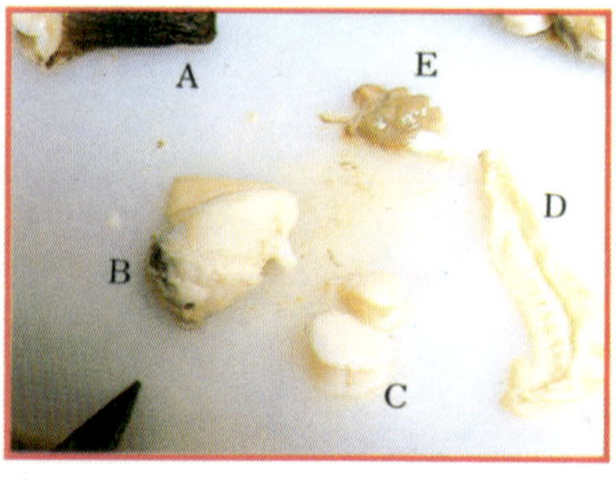

⑥ Dividido em partes. a: miru; b: língua; c: músculo adutor; d: filamentos; e: entranhas.

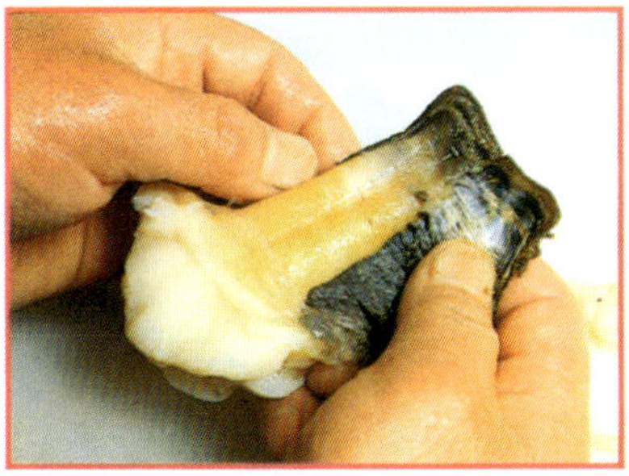

⑦ Remova a pele escura exterior.

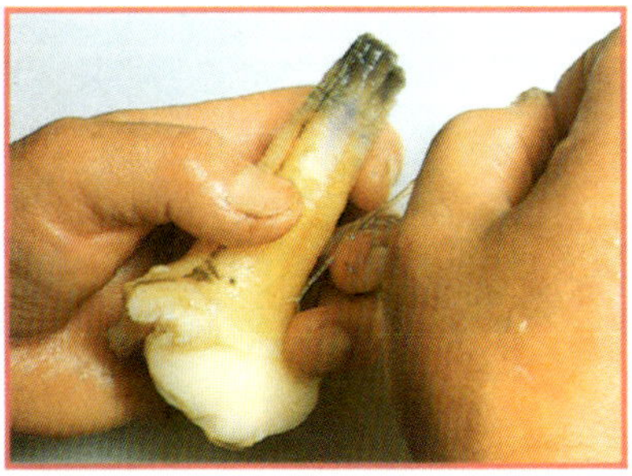

⑧ Remova a membrana transparente.

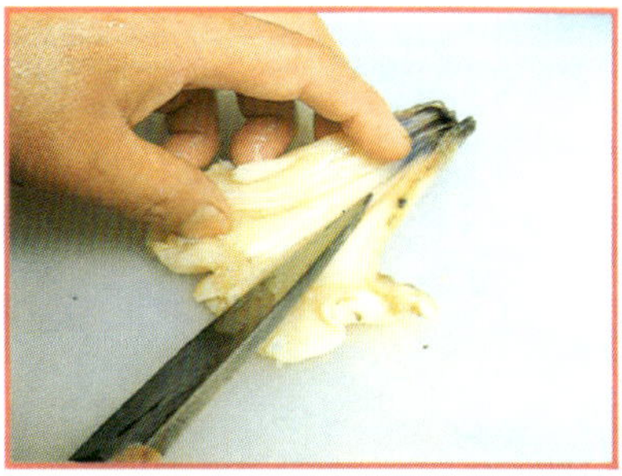

⑨ Corte abrindo.

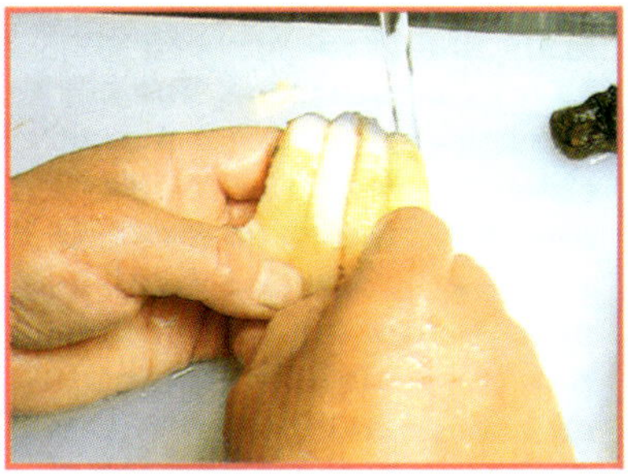

⑩ Lave e seque.

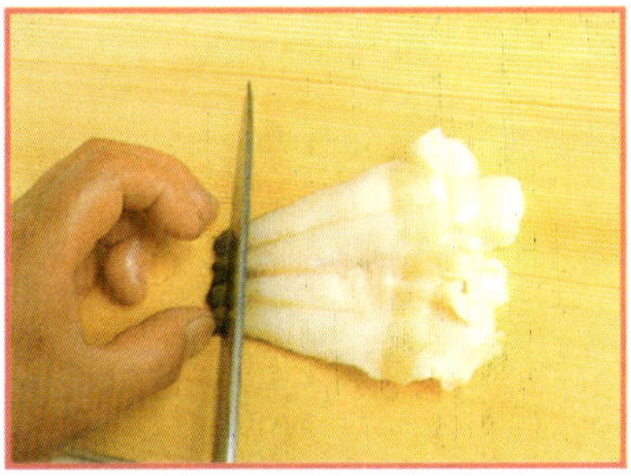

⑪ Corte fora a ponta dura e escura.

⑫ Corte diagonalmente em fatias de aproximadamente 10 g. Incline a faca para a direita e fatie bem fino a partir da ponta esquerda.

Como dar forma ao *sushi*

Ingredientes para dois *sushi*

2 fatias (10 g cada) de mexilhão

Cerca de 40 g de arroz para *sushi* (veja páginas 94 a 96)

Uma pitada de *wasabi*

① Mergulhe ambas as mãos em vinagre com água (na proporção de 3 partes de água para 1 de vinagre). Pegue um pouco de arroz (cerca de 20 g) e aperte gentilmente.

② Pegue uma fatia de mexilhão na mão esquerda e coloque uma pitada de *wasabi* no centro.

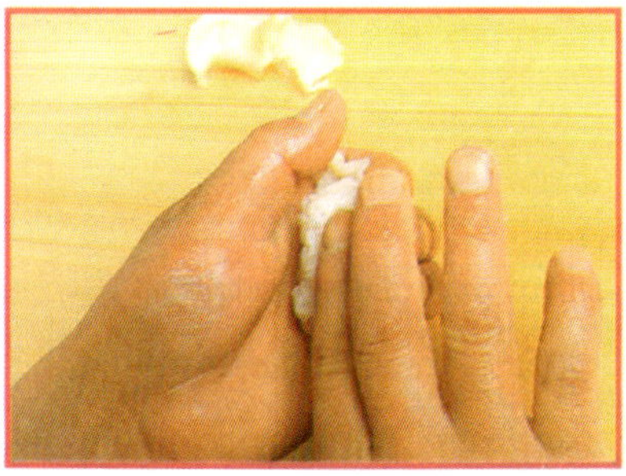

③ Coloque a bola de arroz sobre o peixe e aperte levemente com o dedo indicador da mão direita. Isto faz com que o arroz grude no peixe.

④ Segure o *sushi* pelos lados com o polegar e o indicador da mão direita e mova os dedos da mão esquerda endireitando o *sushi* para que o peixe fique por cima. Aperte os lados.

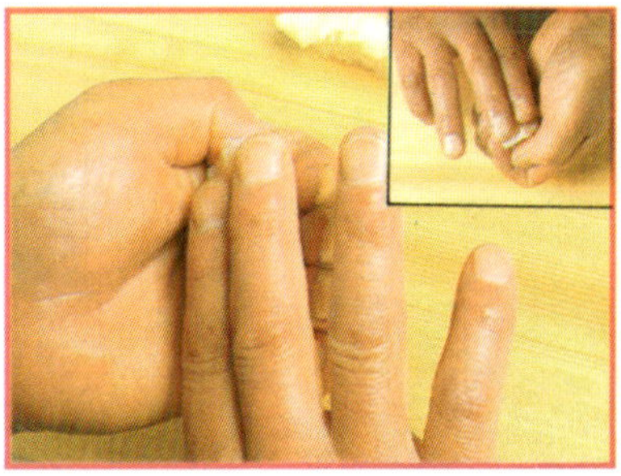

⑤ Pressione levemente o mexilhão com os dedos da mão direita e, com o polegar esquerdo, a ponta. Vire o *sushi* para que a outra ponta possa ser modelada também. Verifique o formato novamente.

AKAGAI 赤貝 Akagai

Mais macia na textura que os outros mariscos, sua cor laranja-rosada torna a cobertura atraente para uma bola branca de arroz. O sabor é delicado e ligeiramente doce. Os cozinheiros-chefes frequentemente gostam de cortá-la de forma decorativa para o *sushi*. Muito difícil de ser encontrada fora do Japão.

Como preparar

① Quebre uma parte da concha próxima à dobradiça. Insira uma faca e trabalhe ao longo da borda para separar o músculo adutor (a parte que liga a carne à concha) e abrir o marisco.

② Trabalhe o outro lado da concha e retire a carne.

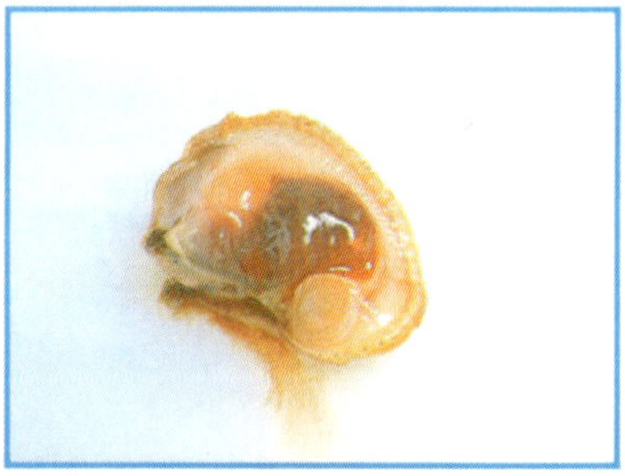

③ Carne e concha estão agora separadas.

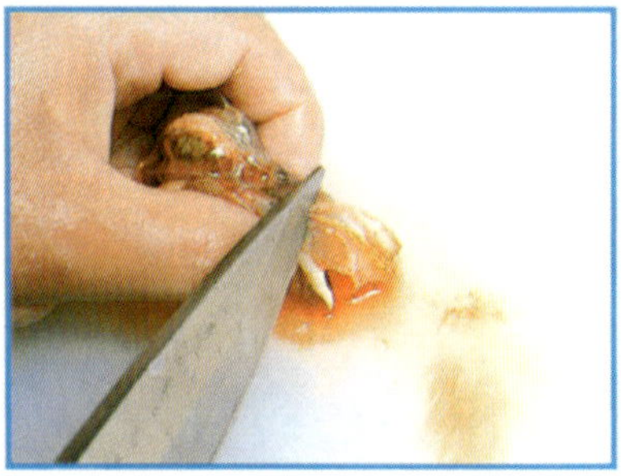

④ Corte as partes brancas e duras.

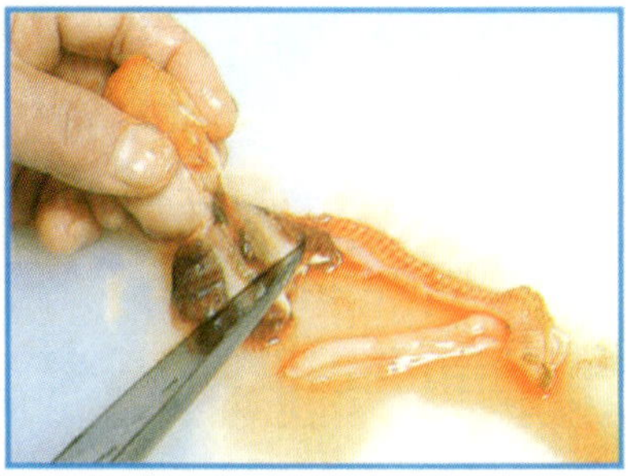

⑤ Levante a carne e separe o filamento e a carne com a ponta da faca.

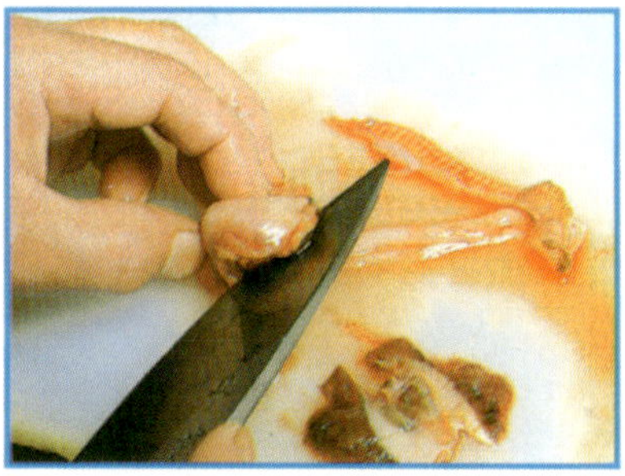

⑥ Apoie a carne na tábua, fatie e abra.

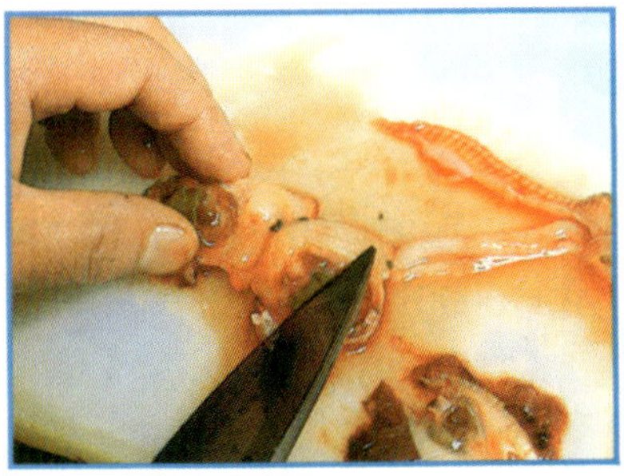

⑦ Com a faca, raspe as entranhas de ambos os lados.

⑧ Lave rapidamente em água com sal para remover a viscosidade. Lave em água corrente.

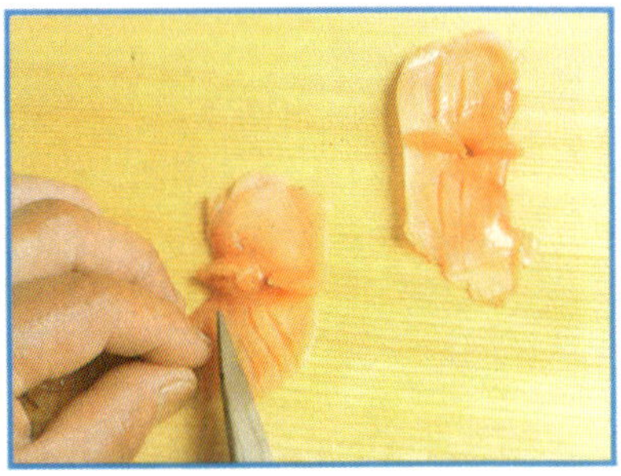

⑨ Seque bem. Faça alguns cortes na carne para que ela grude no arroz.

Como dar forma ao *sushi*

Ingredientes para dois *sushi*

2 conchas (cerca de 10 g cada)
Cerca de 40 g de arroz para *sushi* (veja páginas 94 a 96)
Uma pitada de *wasabi*

① Mergulhe ambas as mãos em vinagre com água (na proporção de 3 partes de água para 1 de vinagre). Pegue um pouco de arroz (cerca de 20 g) e comprima gentilmente.

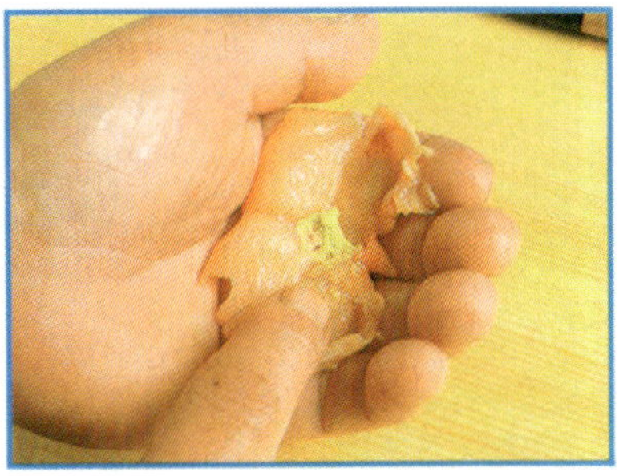

② Pegue um pedaço de concha na mão esquerda e coloque uma pitada de *wasabi* no centro com o indicador direito.

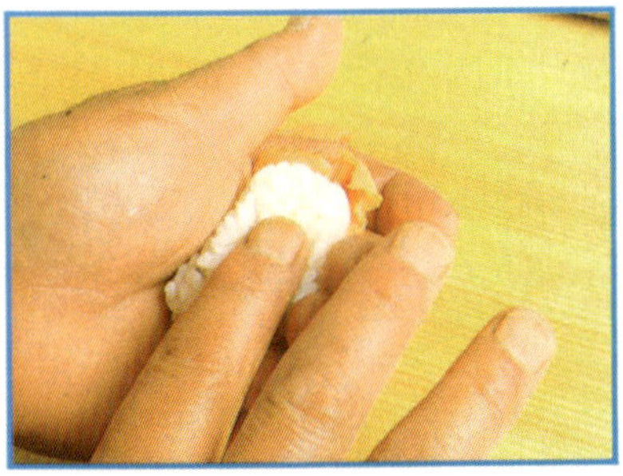

③ Coloque a bola de arroz sobre o peixe e aperte levemente com os dedos da mão direita.

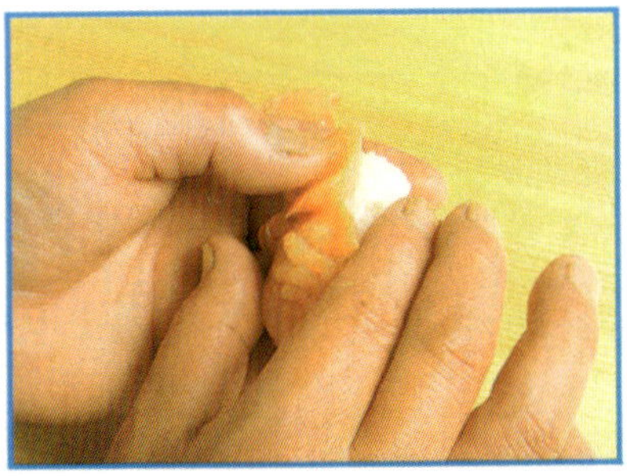

④ Pressione os lados com o polegar e o indicador da mão direita.

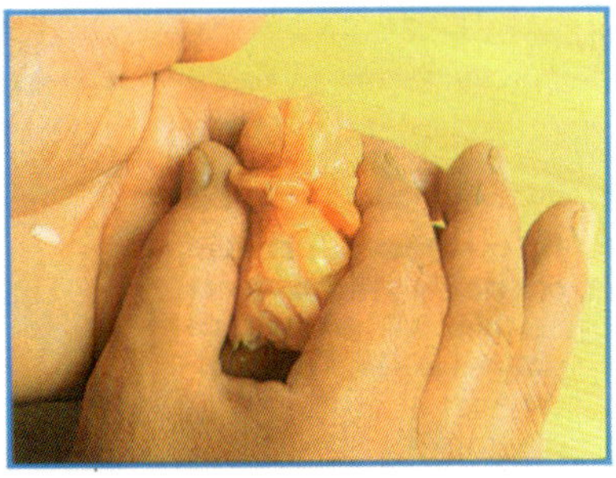

⑤ Segure os lados com o polegar e o indicador da mão direita e mova o *sushi* para que o peixe fique por cima.

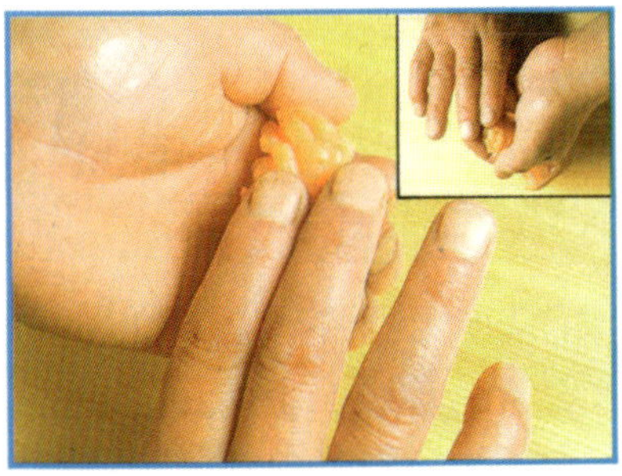

⑥ Modele o *sushi* pressionando os lados com o dedo indicador e a ponta com o polegar esquerdo.

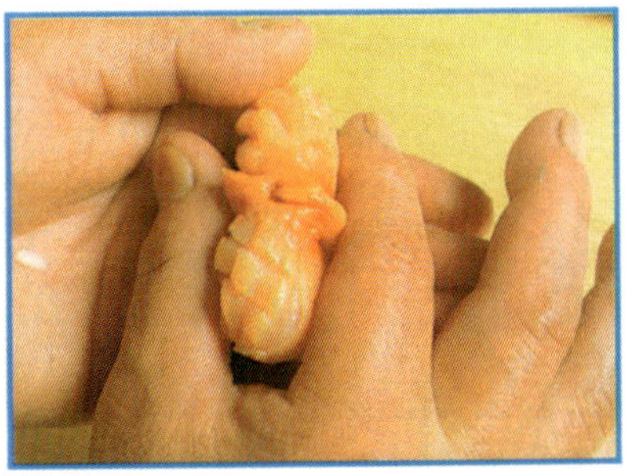

⑦ Com o indicador e o polegar da mão esquerda, vire o *sushi* para que a outra ponta possa ser modelada também.

⑧ Verifique o formato novamente.

HIMO AKAGAI ヒモ(赤貝) Filamentos de *akagai*

Estes são partes de *akagai*, na verdade são as bordas em forma de filamento que ligam a carne à concha. Os peritos em *sushi* gostam destes filamentos e mesmo os degustadores casuais de *sushi* podem apreciar a textura macia e o sabor suave.

Como dar forma ao *sushi*

Ingredientes para dois *sushi*

2 filamentos de *akagai* (cerca de 10 g cada)

Cerca de 40 g de arroz para *sushi* (veja páginas 94 a 96)

Uma pitada de *wasabi*

Como preparar

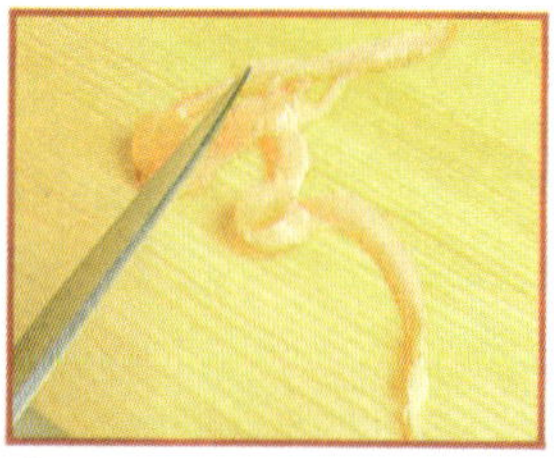

① Corte o músculo adutor na base do filamento (veja a preparação na página 30).

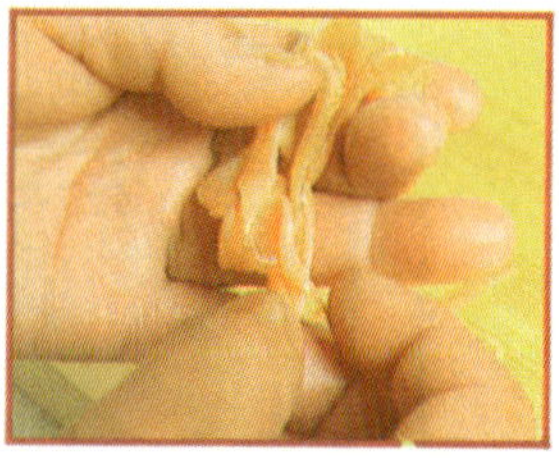

② Entrelace os filamentos para formar um retângulo na parte de cima.

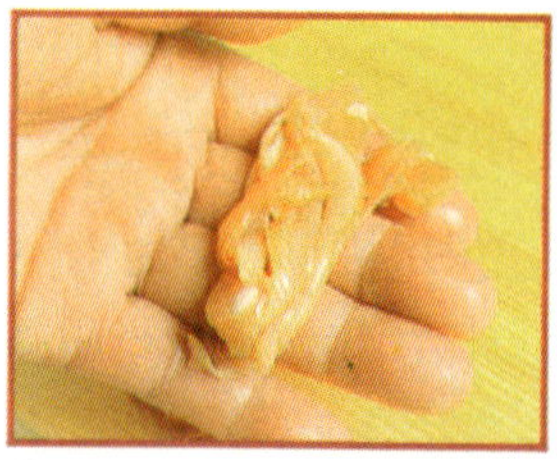

③ Filamentos entrelaçados.

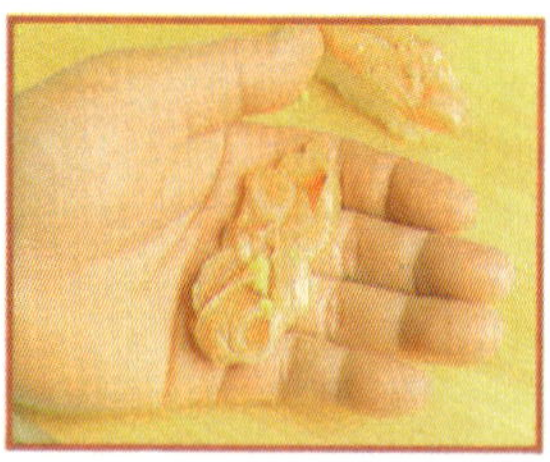

④ Mergulhe ambas as mãos em vinagre com água (na proporção de 3 partes de água para 1 de vinagre) . Pegue um pouco de arroz (cerca de 20 g) e comprima gentilmente. Pegue os filamentos na mão esquerda e coloque uma pitada de *wasabi* no centro.

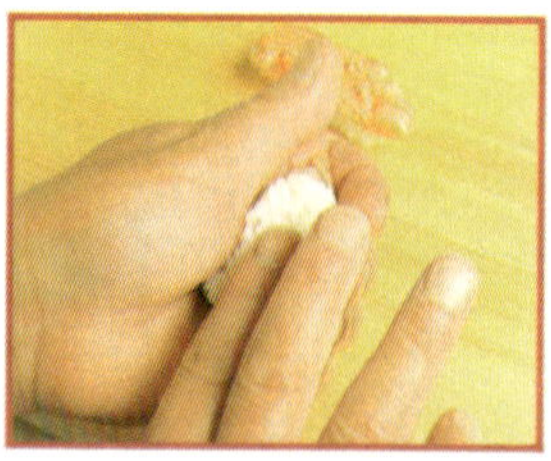

⑤ Coloque a bola de arroz sobre o peixe e aperte levemente com o indicador da mão direita para fazer o arroz grudar nos filamentos.

⑥ Segure os lados com o polegar e o indicador da mão direita e mova o *sushi* para que o peixe fique por cima. Pressione firmemente os lados.

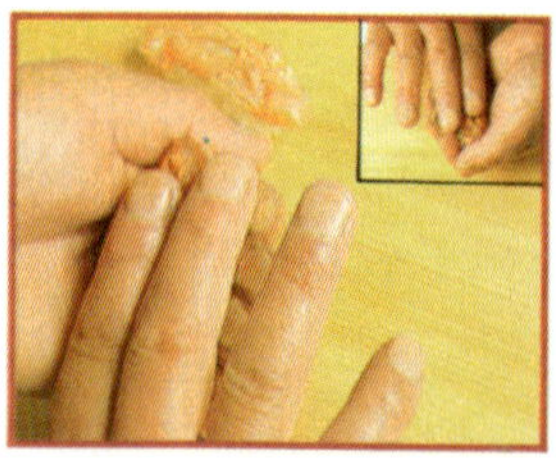

⑦ Modele o *sushi* pressionando a parte de cima com os dedos da mão direita e a ponta com o polegar esquerdo. Vire o *sushi* para que a outra ponta possa ser modelada também. Verifique o formato novamente.

O *aoyagi* pode ser encontrado em todo o Japão. A melhor época do *aoyagi* é entre o inverno e a primavera. Além do *sushi*, o *aoyagi* é largamente usado em sopas, pratos avinagrados, entre outros. Há dois tipos de *aoyagi*, o vermelho e o branco. O tipo vermelho é melhor para fazer *sushi*.

Como dar forma ao *sushi*

Ingredientes para dois *sushi*

2 *aoyagi* (cerca de 10 g cada)
Cerca de 40 g de arroz para *sushi* (veja páginas 94 a 96)
Uma pitada de *wasabi*

Como preparar

① Mergulhe ambas as mãos em vinagre com água (na proporção de 3 partes de água para 1 de vinagre). Pegue um pouco de arroz (cerca de 20 g) com os dedos da mão direita.

② Ponha uma concha na mão esquerda.

③ Com o indicador da mão direita, coloque uma pitada de *wasabi* no centro.

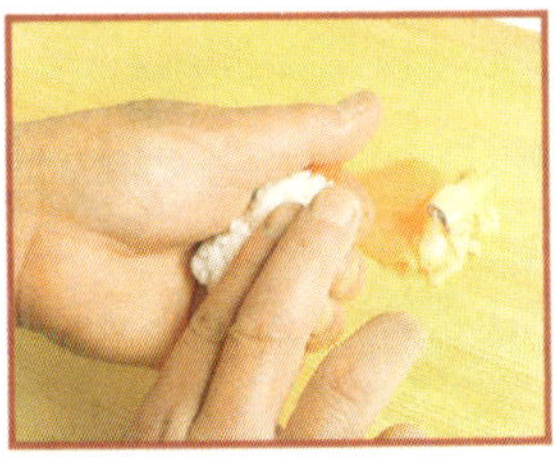

④ Coloque a bola de arroz e aperte levemente com o indicador da mão direita. Segure os lados com o polegar e indicador da mão direita e mova o *sushi* para que o peixe fique por cima.

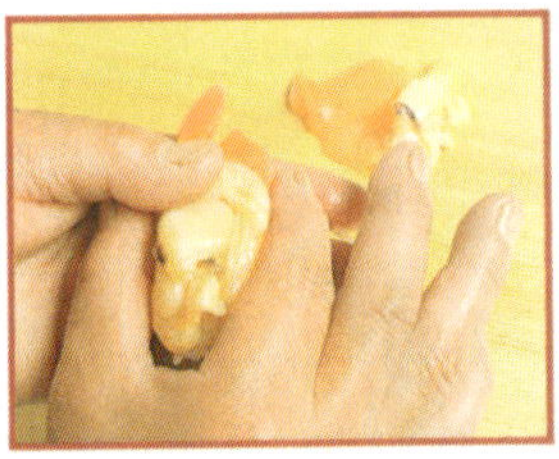

⑤ Aperte os lados com o polegar e o dedo indicador da mão direita.

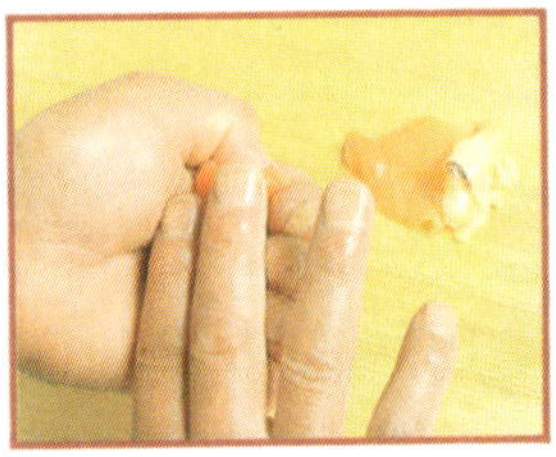

⑥ Pressione a parte de cima com os dedos da mão direita e a ponta com o polegar esquerdo.

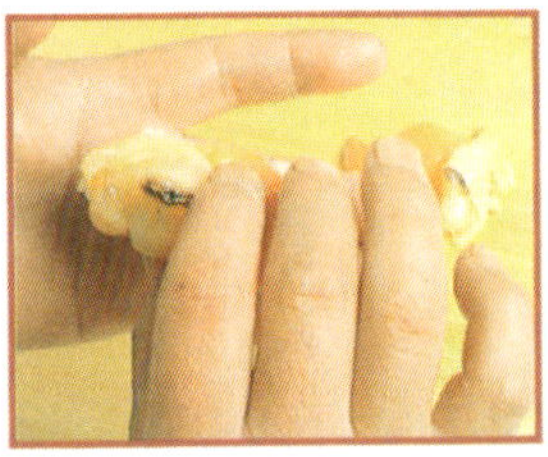

⑦ Vire o *sushi* para que a outra ponta possa ser modelada também. Repita como mostrado nas figuras 5 e 6. Verifique o formato novamente.

Berbigão

Este é o berbigão japonês, de desenho branco e preto, muito atraente como *sushi*. Um marisco pequeno, difícil de ser encontrado fora do Japão. Uma vez que adquire uma textura um tanto emborrachada se for congelado, é melhor ser evitado se não estiver no Japão.

Como dar forma ao *sushi*

Ingredientes para dois *sushi*

2 berbigões (cerca de 10 g cada)

Cerca de 40 g de arroz para *sushi* (veja páginas 94 a 96)

Uma pitada de *wasabi*

Duas tiras de alga de 1 x 10 cm cada

① Mergulhe ambas as mãos em vi-nagre com água (na proporção de 3 partes de água para 1 de vinagre). Pegue um pouco de arroz (cerca de 20 g) com os dedos da mão direita e pressione gentilmente.

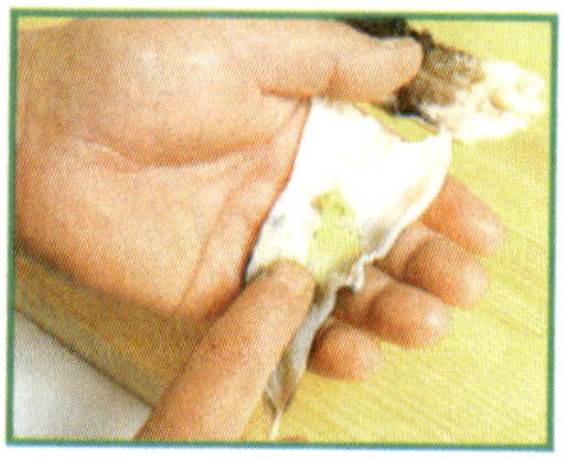

② Ponha um berbigão na mão esquerda e coloque uma pitada de *wasabi* no centro com o indicador da mão direita.

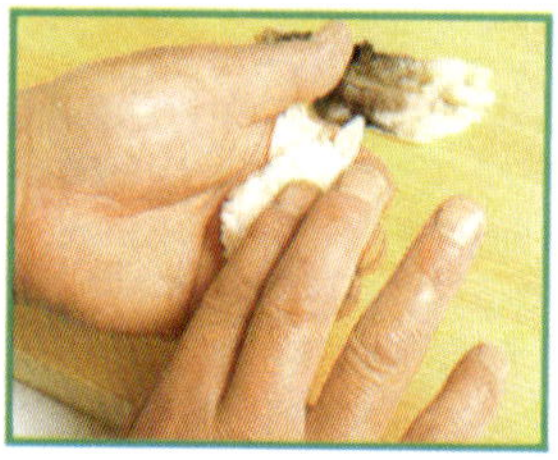

③ Coloque a bola de arroz e aperte levemente com o indicador da mão direita. Isso faz com que o arroz grude no peixe.

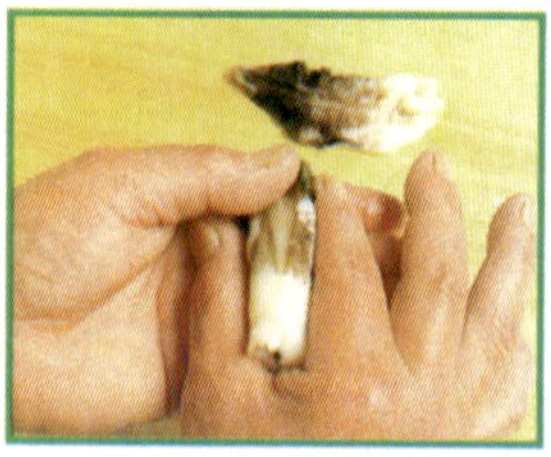

④ Segure os lados com o polegar e o indicador da mão direita e mova o *sushi* para que o peixe fique por cima. Aperte os lados firmemente.

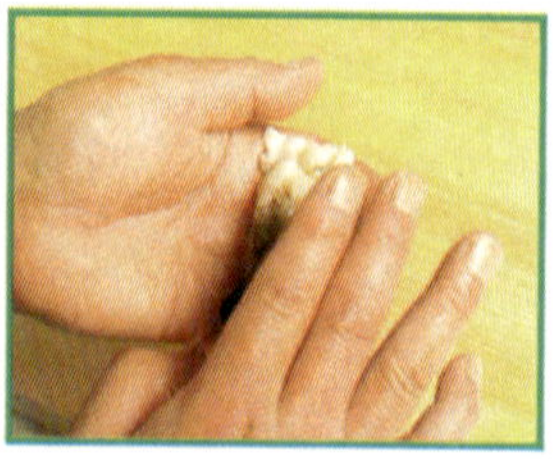

⑤ Modele o *sushi* pressionando a parte de cima com os dedos da mão direita e a ponta com o polegar esquerdo.

⑥ Vire o *sushi* para que a outra ponta possa ser modelada também. Pressione firmemente os lados.

⑦ Repita como mostrado na figura 5 e verifique o formato novamente.

Há muitos tipos de polvo, mas apenas alguns são comestíveis. Antes de ser servido como *sushi*, ferva-o e fatie-o bem fino, pois sua carne é dura. Geralmente, o polvo é pré-cozido e vendido em lojas. Uma vez que tende a estragar logo, escolha o polvo que tenha a carne fresca e elástica.

Como preparar

① Remova as entranhas, os olhos e boca. Cozinhe numa quantidade generosa de água, com um pouco de sal (polvo pré-cozido é recomendado, já que apenas alguns tentáculos serão usados).

② Corte em fatias de cerca de 3 mm, movendo a faca em forma de onda para criar uma superfície áspera.

Como dar forma ao *sushi*

Ingredientes para dois *sushi*

2 fatias (10 g cada) de tentáculos de polvo

Cerca de 40 g de arroz para *sushi* (veja páginas 94 a 96)
Uma pitada de *wasabi*

① Mergulhe ambas as mãos em vinagre com água (na proporção de 3 partes de água para 1 de vinagre). Pegue um pouco de arroz (cerca de 20 g) e aperte gentilmente.

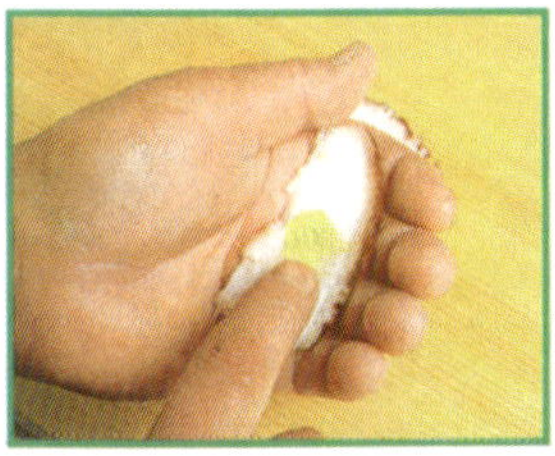

② Com a mão esquerda, pegue uma fatia de polvo. Coloque uma pitada de *wasabi* no centro com o dedo indicador da mão direita.

③ Deite o bolinho de arroz sobre a carne. Com o dedo indicador da mão direita, aperte levemente o arroz contra a carne.

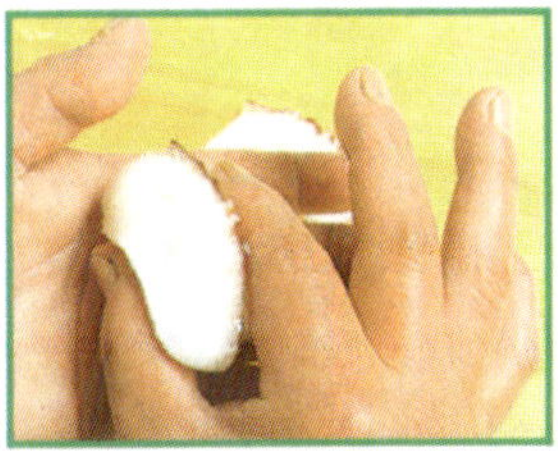

④ Segure os dois lados do *sushi* entre o polegar e o indicador e mova os dedos da mão esquerda endireitando o *sushi* para que a carne do polvo fique por cima. Aperte os lados.

⑤ Modele o *sushi* empurrando a parte de cima com os dedos da mão direita e, com o polegar direito, a ponta. Vire o *sushi* para que a outra ponta possa ser modelada também. Verifique o formato novamente.

烏賊 Lula

IKA

Esta é a lula, de cor branca cinzenta cintilante. Vem em vários tamanhos. Quando está fresca, é quase transparente e derrete na boca como manteiga. A textura é pegajosa e o sabor combina bem com *wasabi* e molho de soja. Os japoneses também a comem grelhada com molho de soja e gengibre. Os ocidentais talvez gostem dela mais com limão.

Como preparar

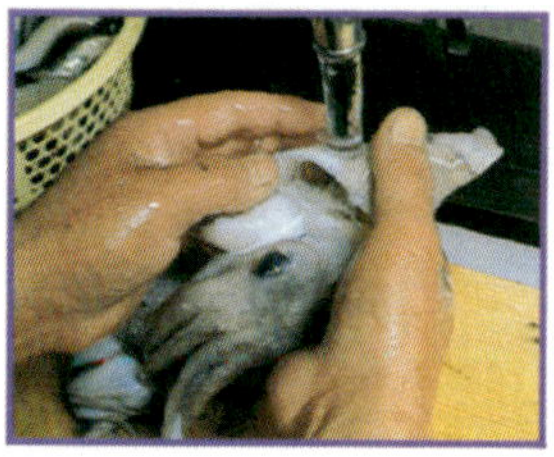

① Lave bem.

② Coloque a lula na tábua com a cauda virada em sua direção. Segurando com ambas as mãos, enfie os polegares no corpo.

③ Empurre o corpo.

④ Deixe o osso deslizar em sua direção.

⑤ Faça uma abertura no corpo, do lado do osso.

⑥ Segure a cauda com a mão esquerda; retire os tentáculos e as entranhas.

⑦ Depois de lavar, retire a pele (passe sal na mão para facilitar o manejo). Insira os polegares entre a pele e a carne e separe-as cuidadosamente.

⑧ Segure a cauda e puxe a pele.

⑨ Agora a pele foi removida.

⑩ Corte as pontas das partes duras.

⑪ Faça cortes bem superficiais nas pontas para separar a membrana fina.

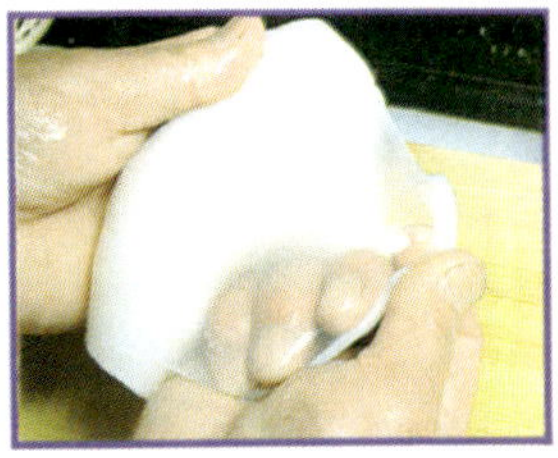

⑫ Remova a membrana de ambos os lados.

⑬ Com um pano molhado, remova cuidadosamente a membrana restante.

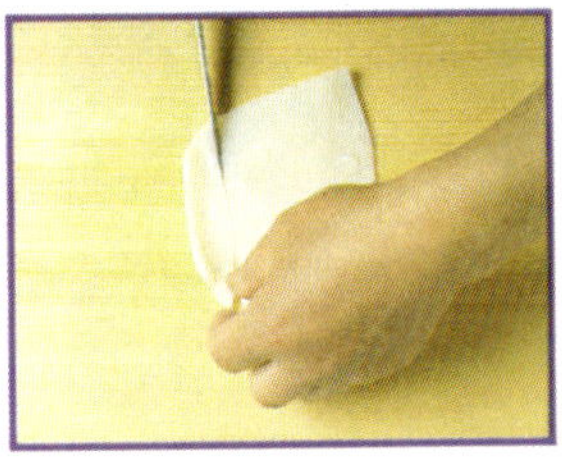

⑭ Verifique o formato.

⑮ Corte em pedaços de 10 g cada, inclinando a faca para a direita e fatiando bem fino a partir da ponta esquerda.

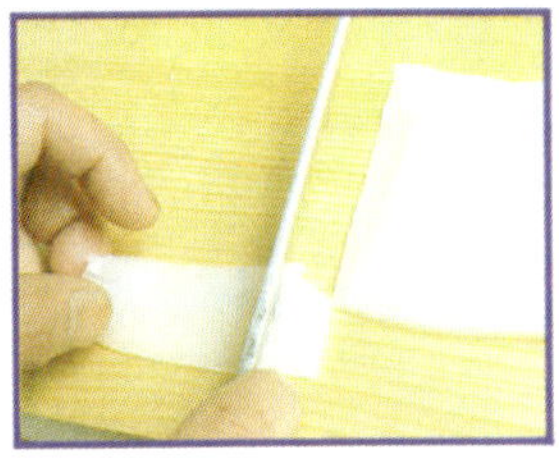

⑯ Faça incisões para que a carne grude no arroz.

Como dar forma ao *sushi*

Ingredientes para dois *sushi*

2 fatias (10 g cada) de lula
Cerca de 40 g de arroz para *sushi* (veja páginas 94 a 96)
2 tiras de alga (1 x 10 cm cada)
Uma pitada de *wasabi*

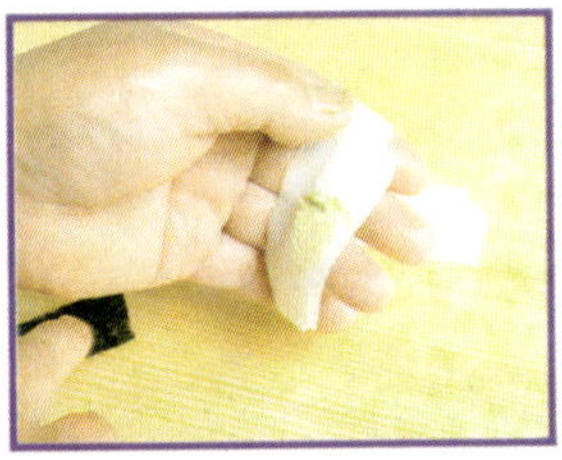

① Mergulhe ambas as mãos em vinagre com água (na proporção de 3 partes de água para 1 de vinagre). Pegue um pouco de arroz (cerca de 20 g) e aperte gentilmente. Com a mão esquerda, pegue uma fatia de lula. Coloque uma pitada de *wasabi* no centro com o dedo indicador da mão direita.

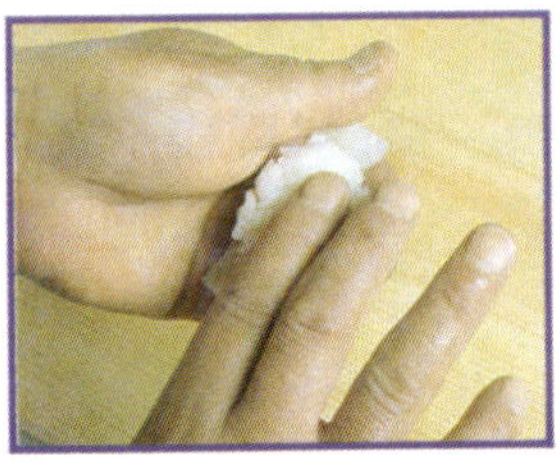

② Deite o bolinho de arroz sobre a carne. Com o dedo indicador da mão direita, aperte levemente o arroz contra a carne. Isto faz com que o arroz grude na carne.

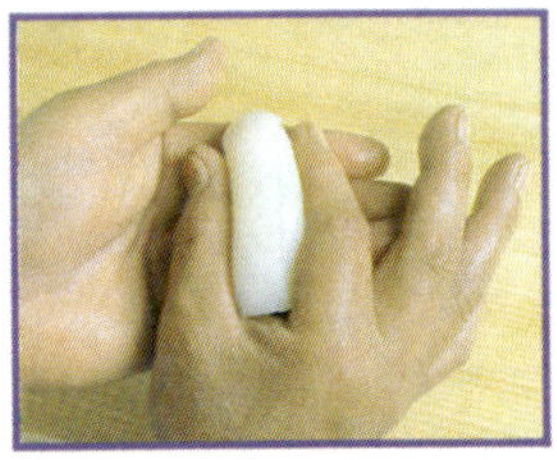

③ Segure os dois lados do *sushi* entre o polegar e o indicador e mova os dedos da mão esquerda endireitando o *sushi* para que o peixe fique por cima. Aperte os lados.

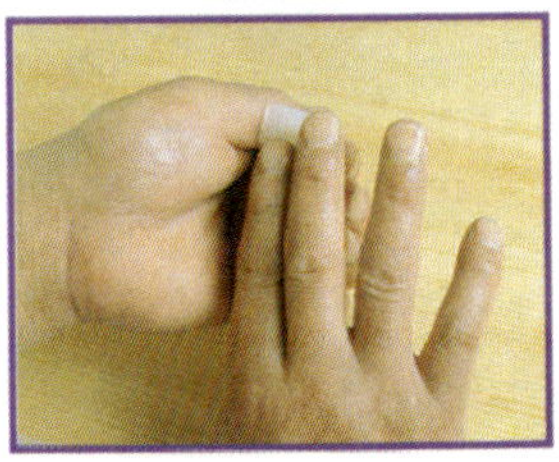

④ Modele o *sushi* empurrando a parte de cima com os dedos da mão direita e, com o polegar direito, a ponta.

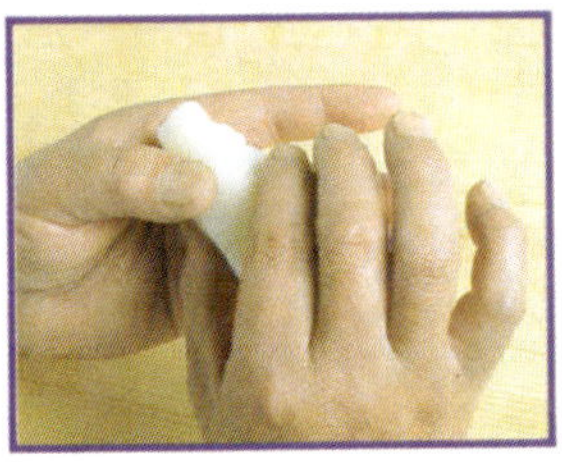

⑤ Com o polegar direito e o indicador, vire o *sushi* para que a outra ponta possa ser modelada também.

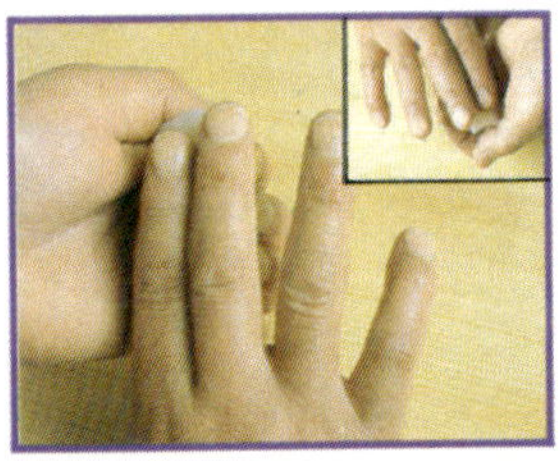

⑥ Aperte os lados novamente. Repita como mostrado na figura 4 para modelar.

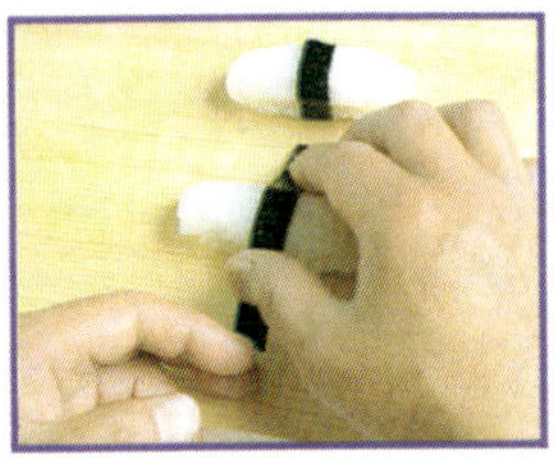

⑦ "Amarre" o *sushi* com a tira de alga.

GESO IKA ゲソ(烏賊) Tentáculos de lula

Estes são os tentáculos de lula, brancos na cor, e que são cozidos e pincelados com molho *teriyaki* antes de serem colocados no arroz para *sushi.* O sabor agridoce do molho *teriyaki* complementa o gosto suave da lula cozida. Na textura, pode-se tornar um pouco engomado.

Como preparar

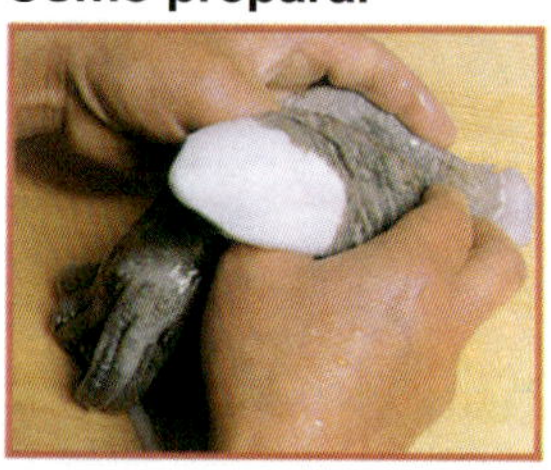

① Depois de lavar bem, segure o corpo com a cauda virada em sua direção. Usando os polegares, puxe o corpo para que o osso deslize.

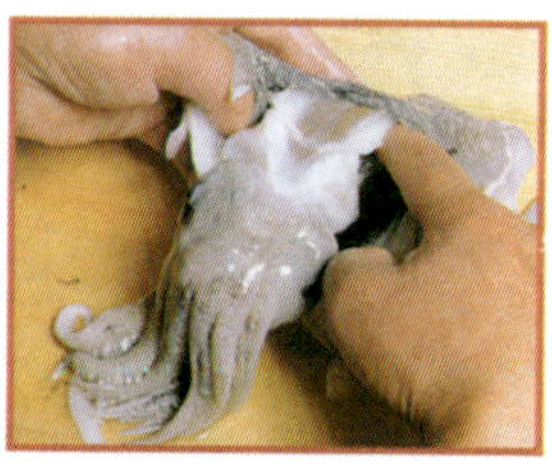

② Faça uma abertura no corpo, do lado do osso.

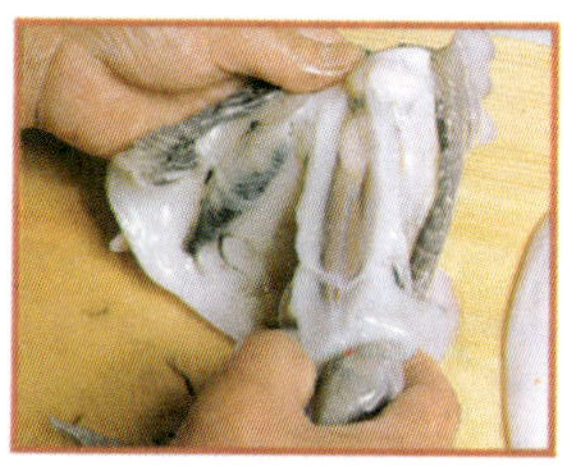

③ Segure a cauda com a mão esquerda; retire os tentáculos e as entranhas.

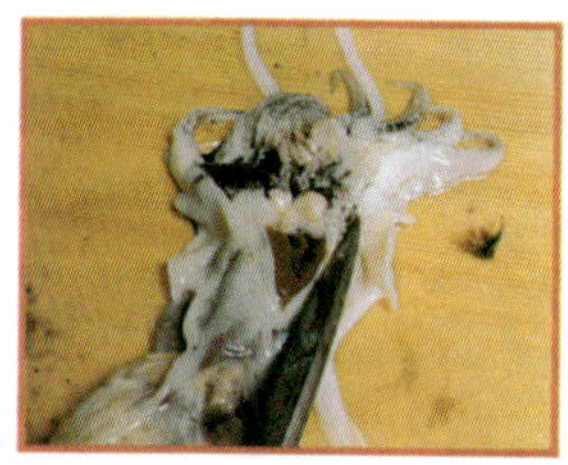

④ Faça uma abertura na base dos tentáculos (cuidado para não romper o saquinho de tinta).

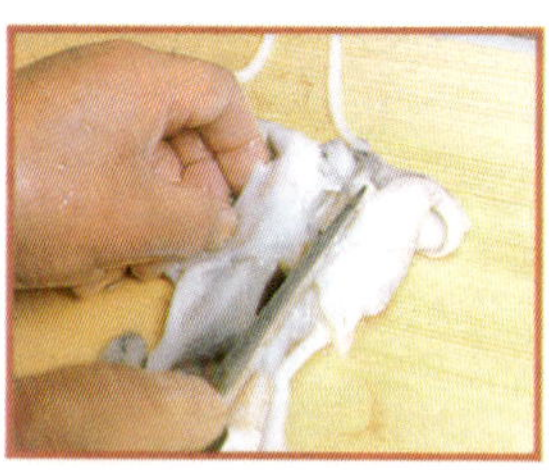

⑤ Remova os olhos e a boca.

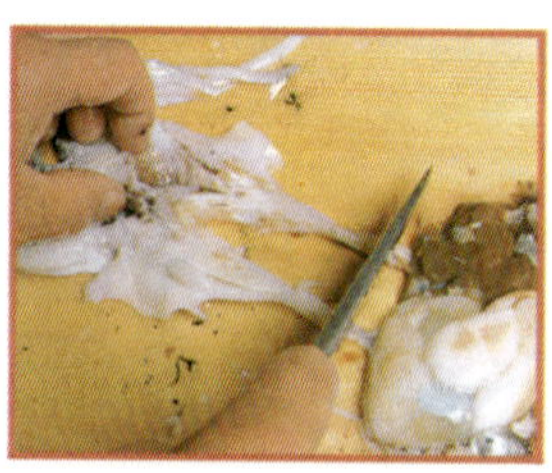

⑥ Remova as entranhas.

⑦ Esfregue sal para remover a viscosidade.

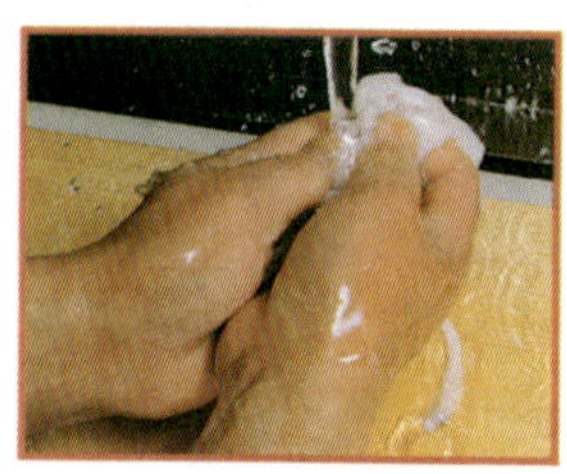

⑧ Lave em água corrente.

⑨ Ponha os tentáculos na água fervente para cozinhar.

⑩ Cozinhe até ficarem elásticos como massa de pão.

⑪ Ponha na água fria.

⑫ Seque.

⑬ Corte a parte dura pela base.

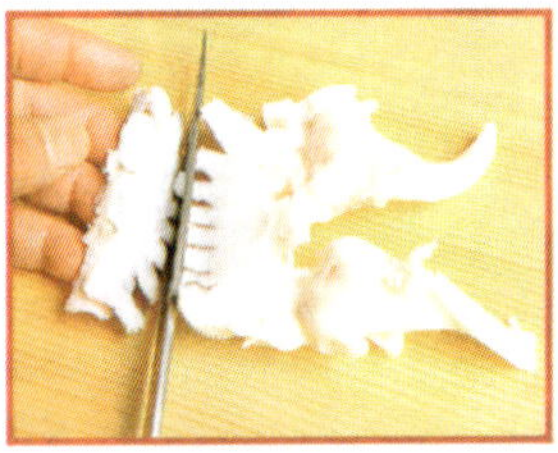
⑭ Corte a parte dura na ponta.

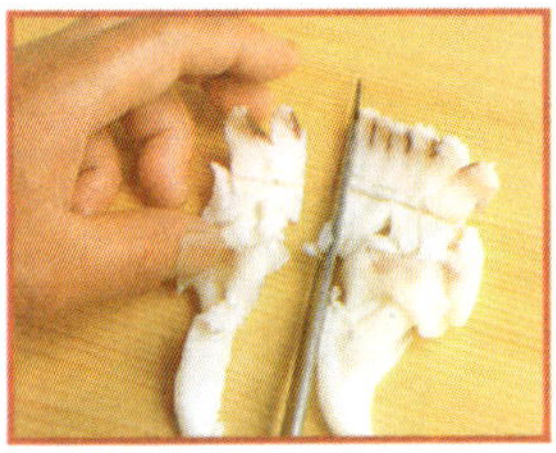
⑮ Corte os pedaços que ficarão sobre o arroz.

⑯ Faça cortes para que a carne grude no arroz.

Como dar forma ao *sushi*

Ingredientes para dois *sushi*

2 fatias de tentáculos de lula (cerca de 10 g cada)
Cerca de 40 g de arroz para *sushi* (veja páginas 94 a 96)
2 tiras de alga medindo 1 x 10 cm cada
Uma pitada de *wasabi*
Molho *teriyaki* (veja página 23)

① Mergulhe ambas as mãos em vinagre com água (na proporção de 3 partes de água para 1 de vinagre). Pegue um pouco de arroz (cerca de 20 g) com os dedos da mão direita, pressione gentilmente.

② Pegue uma fatia de tentáculo de lula com a mão esquerda. Coloque uma pitada de *wasabi* no centro com o indicador da mão direita.

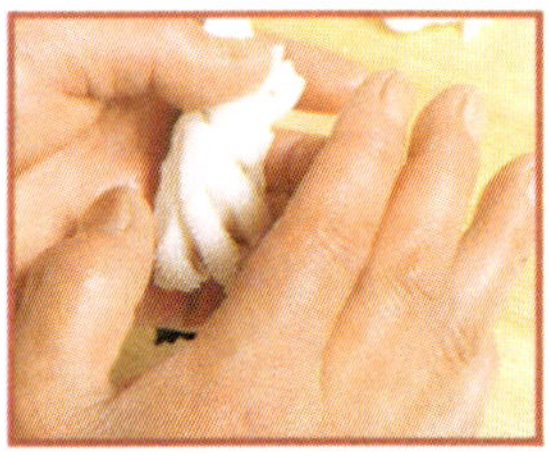
③ Coloque a bola de arroz e aperte levemente com o indicador da mão direita. Segure os lados com os dedos da mão direita e mova o *sushi*.

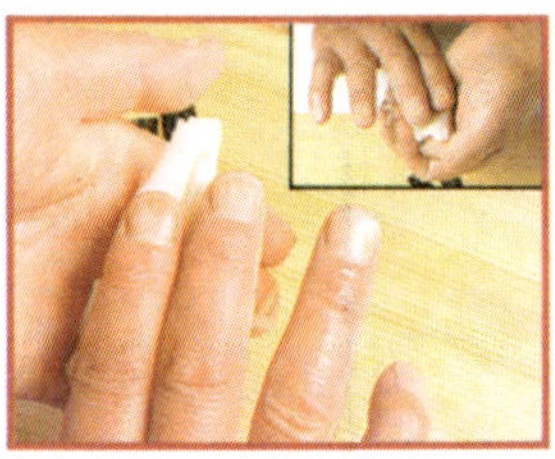
④ Aperte os lados. Modele então o *sushi* apertando a parte de cima com os dedos da mão direita, e a ponta com o polegar esquerdo.

⑤ Com o polegar direito e o indicador, vire o *sushi* e pressione as laterais novamente. Repita como mostrado na figura 4.

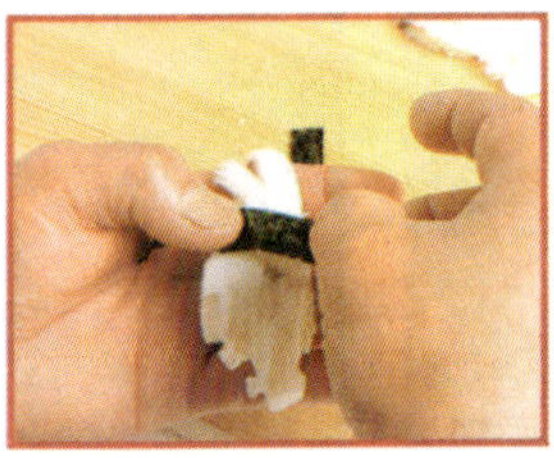
⑥ Enrole o *sushi* com uma tira de alga.

⑦ Pincele molho *teriyaki* por cima.

KURUMA-EBI 車蝦 Pitu

Esta espécie de camarão é chamada, às vezes, de pitu. Antes de ser descascado e aberto para fazer *sushi*, é colocado em espetos de bambu e cozido levemente em água salgada. Com suas linhas vermelhas brilhantes e a cauda enfeitando o arroz, torna-se agradável aos olhos. Um grande favorito entre os admiradores ocidentais de *sushi*.

Como preparar

① Enfie um espeto da barriga à cabeça. Isto impede os camarões de se enrolarem enquanto são cozidos.

② Lave os camarões com os espetos.

③ Cozinhe brevemente os camarões em água fervente e salgada. Retire quando um ou dois deles começarem a flutuar.

④ Mergulhe em água fria de uma só vez para interromper o cozimento. Seque e remova os espetos.

⑤ Corte a cabeça.

⑥ Remova a casca (da cabeça para o rabo).

⑦ Remova as pernas.

⑧ Insira a faca na barriga e abra.

⑨ Remova a veia ao longo da linha central usando os dedos.

Como dar forma ao *sushi*

Ingredientes para dois *sushi*

2 pitus (cerca de 10 g cada)
Cerca de 40 g de arroz para *sushi* (veja páginas 94 a 96)
Uma pitada de *wasabi*

① Mergulhe ambas as mãos em vinagre com água (na proporção de 3 partes de água para 1 de vinagre). Pegue um pouco de arroz (cerca de 20 g) com os dedos da mão direita e pressione gentilmente.

② Pegue um pitu com a mão esquerda. Coloque uma pitada de *wasabi* no centro com o indicador da mão direita.

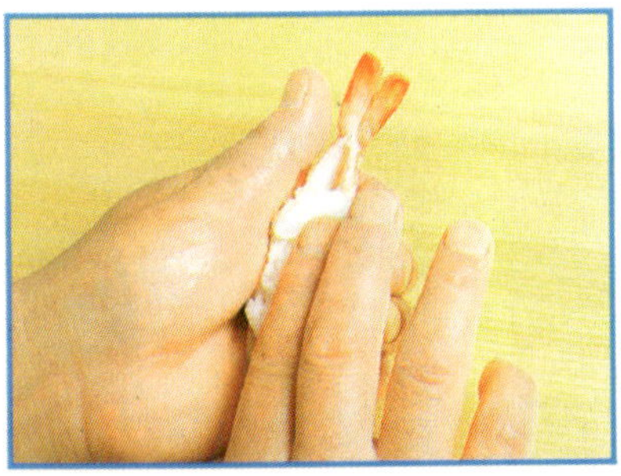

③ Coloque a bola de arroz e aperte levemente com o indicador da mão direita.

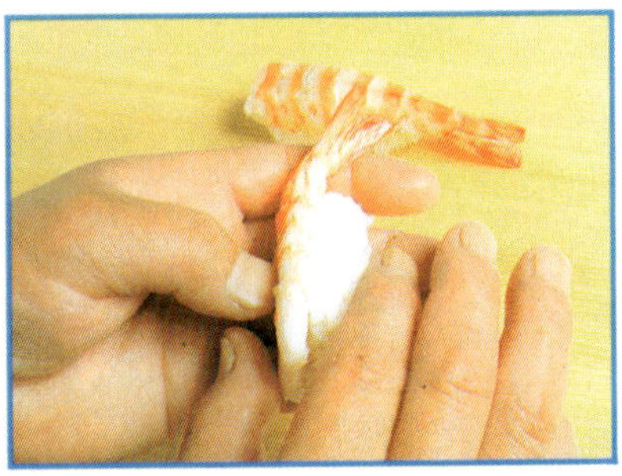

④ Segure os lados com os dedos da mão direita e mova o *sushi* para que a carne fique por cima.

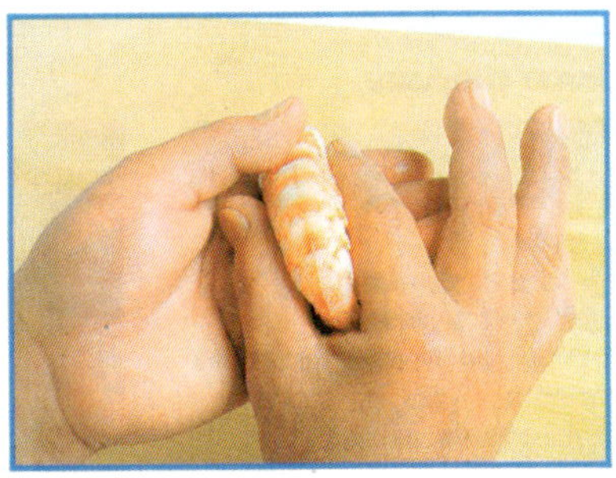

⑤ Aperte as laterais com os dedos da mão direita.

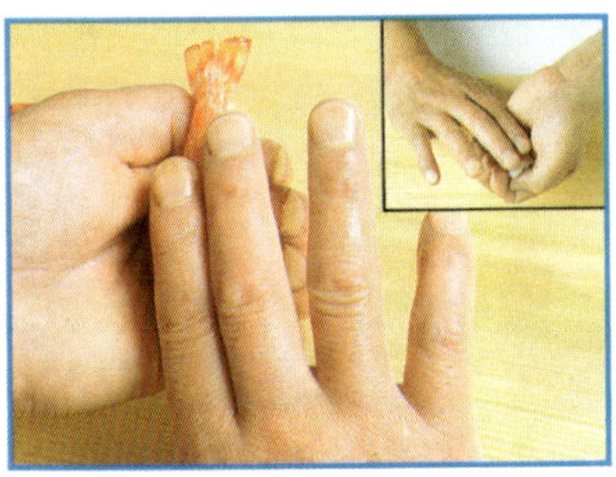

⑥ Modele o *sushi* apertando a parte de cima com os dedos da mão direita, e a ponta com o polegar esquerdo.

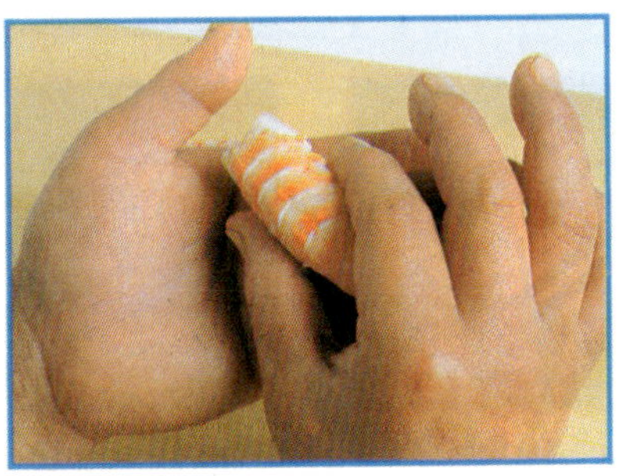

⑦ Vire o *sushi* e repita como mostrado na figura 5.

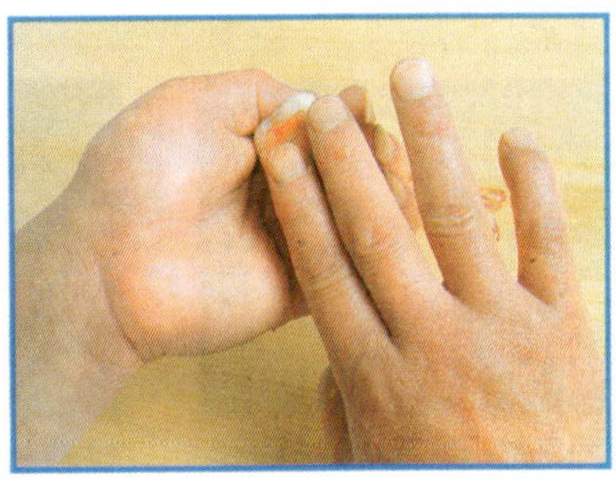

⑧ Repita como mostrado na figura 6. Verifique o formato novamente.

TAMAGOYAKI

玉子焼 Omelete grossa

Esta é a omelete japonesa feita de ovos de galinha e adocicada com açúcar. A forma como é feita é uma arte em si. Camadas de ovos batidos são colocadas numa frigideira quadrada erguidas e enroladas até formar uma omelete uniforme que desliza da frigideira. Cortada depois em pedaços, é colocada por cima do arroz de *sushi* ou mesmo degustada sem arroz, como sobremesa no final da refeição.

Como preparar

Ingredientes para 1 rolo

8 ovos
½ xícara de *dashi*
100 g de açúcar
2 colheres de sopa de molho de soja
Uma pitada de sal
Glutamato monossódico
Óleo para untar frigideira
Tamanho: 8 x 15 cm por 3 cm de espessura

① Quebre os ovos numa amassadeira. Misture todos os ingredientes juntos e acrescente à amassadeira com os ovos. Agite suavemente com um garfo ou *hashi*, mas sem bater.

② Unte com óleo a frigideira pré-aquecida. Use um pano ou algodão embebido em óleo para fazer isso.

③ Quando o óleo ficar quente, ponha metade da mistura de ovo na frigideira. Incline a frigideira para espalhar a mistura por todos os cantos. O fogo deve estar brando.

④ Quando a superfície endurecer, dobre um terço da omelete em sua direção. Dobre novamente para fazer um retângulo de três camadas. Use *hashi* (nos lados da frigideira).

⑤ Esfregue a superfície da frigideira com o pano embebido em óleo.

⑥ Vire a omelete e unte o outro lado também.

⑦ Ponha outro terço da mistura restante. Erga o rolo e misture por baixo.

⑧ Quando a omelete estiver pronta, dobre-a em sua direção duas vezes.

⑨ Esfregue a superfície da frigideira com pano embebido em óleo.

⑩ Deslize a omelete em sua direção e unte a parte superior.

⑪ Despeje a mistura restante. Erga a omelete e espalhe a mistura por baixo.

⑫ Quando a omelete estiver pronta, dobre-a em sua direção duas vezes. Repita o processo a partir do item 9 usando a mistura restante.

⑬ Deslize a omelete na frigideira para criar uma superfície brilhante.

⑭ Retire da frigideira. Com a lâmina de uma faca, pressione os lados para modelar.

⑮ Corte em pedaços de 1 cm de largura.

Como dar forma ao *sushi*

Ingredientes para dois *sushi*

2 fatias de omelete

Cerca de 40 g de arroz para *sushi* (veja páginas 94 a 96)

2 tiras de alga (1 x 10 cm cada)

① Mergulhe ambas as mãos em vinagre com água (na proporção de 3 partes de água para 1 de vinagre). Pegue um pouco de arroz (cerca de 20 g) e aperte gentilmente.

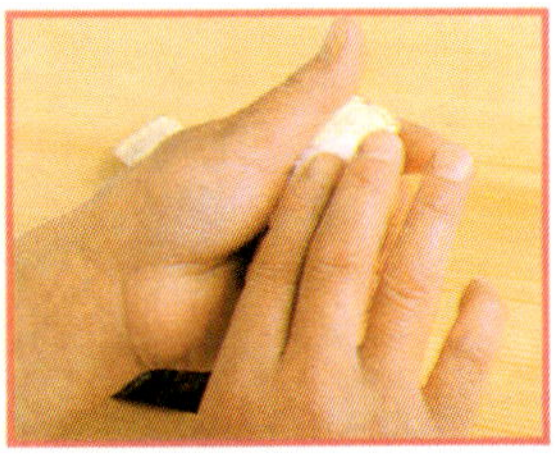

② Pegue uma fatia de omelete na mão esquerda e coloque o bolinho de arroz sobre a omelete. Com o dedo indicador da mão direita, aperte levemente o arroz contra a omelete.

③ Segure os dois lados do *sushi* entre o polegar e o indicador e mova os dedos da mão esquerda endireitando o *sushi* para que a omelete fique por cima.

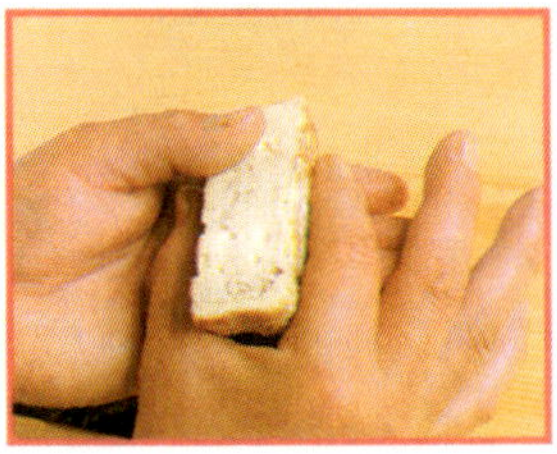

④ Aperte os lados com o polegar e o dedo indicador.

⑤ Modele o *sushi* empurrando a parte de cima com os dedos da mão direita e, com o polegar direito, a ponta.

⑥ Com o polegar direito e o indicador, vire o *sushi* para que a outra ponta possa ser modelada também.

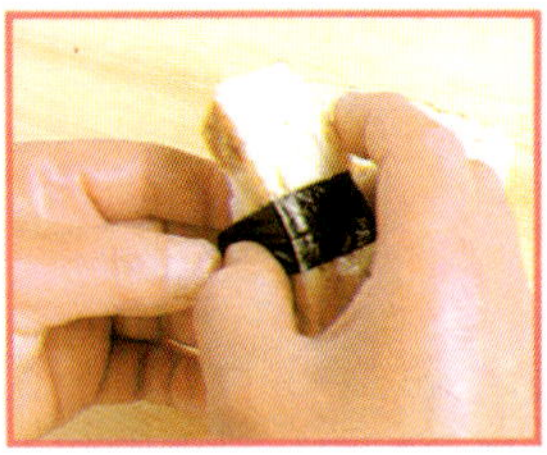

⑦ "Amarre" o *sushi* com a tira de alga.

KAZUNOKO

数の子 Ovas de arenque

EDOMAE-ZUSHI

Ovas de arenque se constituem numa iguaria cara no Japão. São adequadamente conhecidas como "diamantes amarelos" – amarelo na cor e caro como diamantes. No Japão, as ovas de arenque são degustadas em ocasiões especiais e "reverenciadas" pelos gourmet de *sushi*. Para aqueles que podem se dar ao luxo, pode-se tornar um vício apreciar tal iguaria.

Como dar forma ao *sushi*

Ingredientes para dois *sushi*

2 pedaços de ovas de arenque (cerca de 15 g cada) mergulhados em água para remover o excesso de sal.

Cerca de 40 g de arroz para *sushi* (veja páginas 94 a 96)

2 tiras de alga medindo 1 x 10 cm cada

Uma pitada de *wasabi*

① Mergulhe ambas as mãos em vinagre com água (na proporção de 3 partes de água para 1 de vinagre). Pegue um pouco de arroz (cerca de 20 g) com os dedos da mão direita e pressione gentilmente. Pegue um pedaço de ovas de arenque com a mão esquerda e com o indicador da mão direita coloque o *wasabi* no centro.

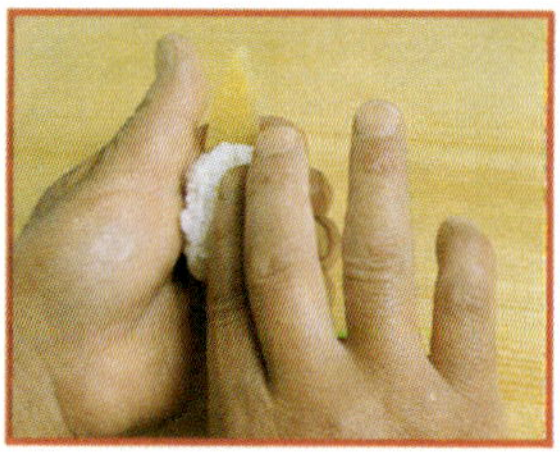

② Coloque o bolinho de arroz por cima, pressione levemente com o indicador da mão direita. Isto faz com que o arroz grude nas ovas.

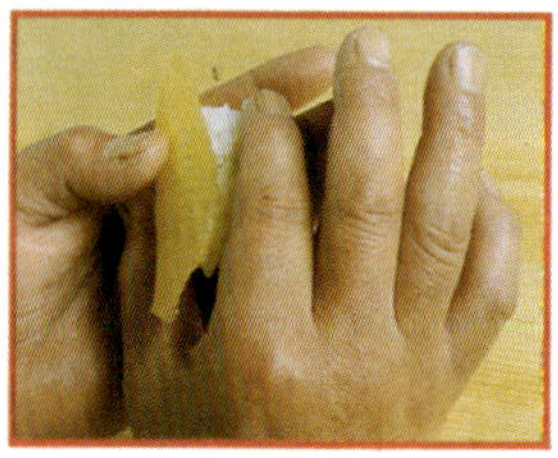

③ Segure os lados com o indicador e o polegar da mão direita e mova o *sushi* para que as ovas fiquem por cima.

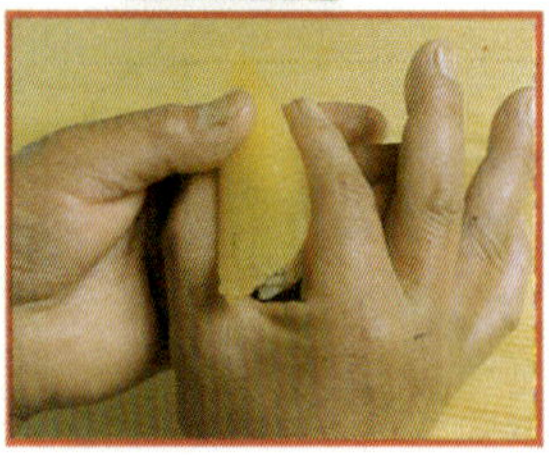

④ Aperte os lados com polegar e o indicador da mão direita.

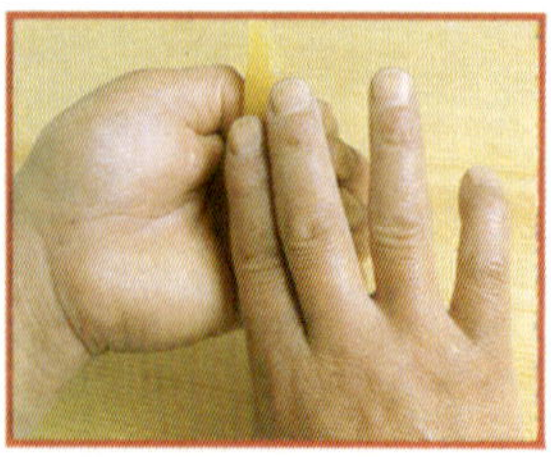

⑤ Modele o *sushi* apertando a parte de cima com os dedos da mão direita, e a ponta com o polegar esquerdo.

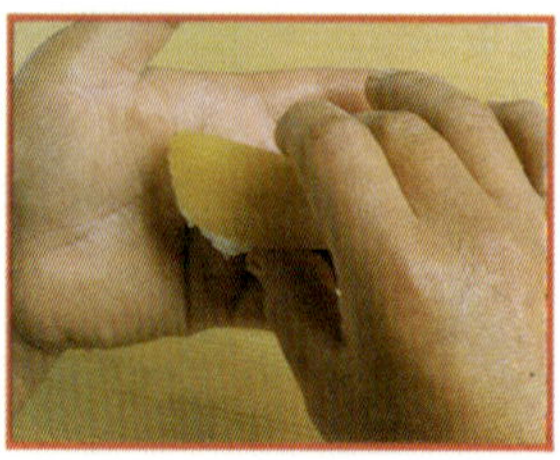

⑥ Com o polegar direito e o indicador, vire o *sushi* para que a outra ponta possa ser modelada também.

⑦ Enrole o *sushi* com uma tira de alga.

IKURA

イクラ Ovas de salmão — *EDOMAE-ZUSHI*

A palavra *ikura* significa "ovas de salmão". A origem do nome vem da palavra russa *ikura*. Foram os russos que inventaram o processo de fazer caviar a partir do esturjão. O *ikura* é uma atração para os olhos e boca com sua cor vermelho brilhante. Como ingrediente para *sushi*, soa um tanto como novidade, mas já se tornou um "must".

Como dar forma ao *sushi*

Ingredientes para dois *sushi*

Cerca de 20 g de ovas de salmão vermelho

Cerca de 40 g de arroz para *sushi* (veja páginas 94 a 96)

2 tiras de alga medindo 2,5 x 18 cm cada

① Mergulhe ambas as mãos em vinagre com água (na proporção de 3 partes de água para 1 de vinagre). Pegue um pouco de arroz (cerca de 20 g) com os dedos da mão direita e pressione gentilmente.

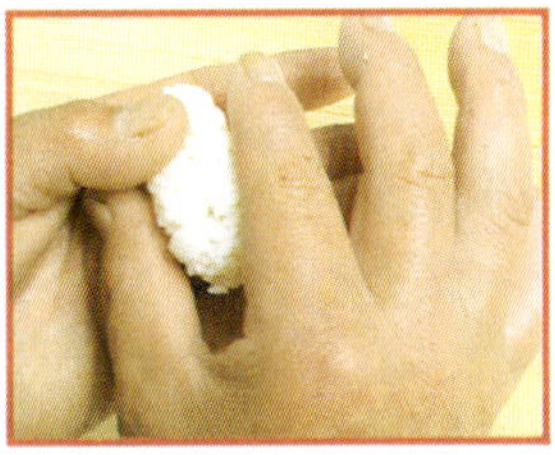

② Aperte os lados entre o polegar e o indicador da mão direita.

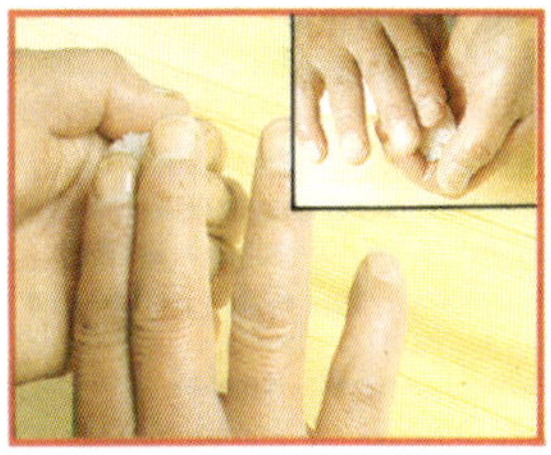

③ Com os dedos da mão direita, aperte levemente o arroz para baixo (forme um bolinho mais baixo que o *nigiri-zushi* normal).

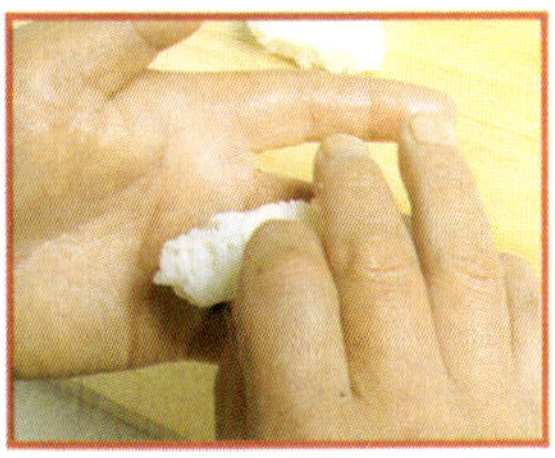

④ Com o polegar direito e o indicador, vire o *sushi*.

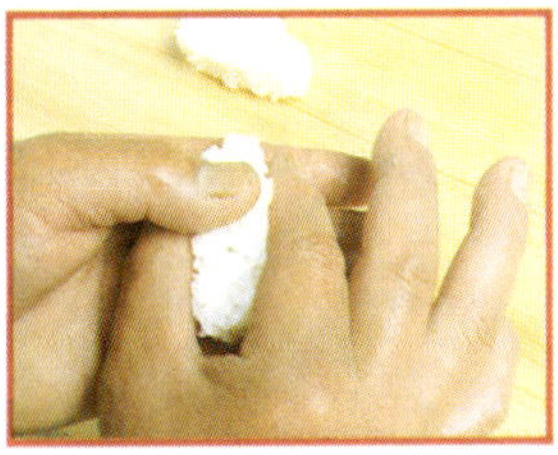

⑤ Repita como mostrado nas figuras 2 e 3. Verifique o formato novamente.

⑥ Enrole o *sushi* com uma tira de alga.

⑦ Com uma colher, coloque as ovas de salmão por cima.

UNI
海胆 Ouriço-do-mar — EDOMAE-ZUSHI

O ouriço-do-mar é outra iguaria apreciada e boa para aqueles que experimentam o *sushi* pela primeira vez. A textura rica e oleosa tanto pode agradar quanto desagradar, e é diferente de outras coberturas de *sushi*.

Como dar forma ao *sushi*

Ingredientes para dois *sushi*

Cerca de 20 g de ouriço-do-mar

Cerca de 40 g de arroz para *sushi* (veja páginas 94 a 96)

2 tiras de alga medindo 2,5 x 18 cm cada

Uma pitada de *wasabi*

① Mergulhe ambas as mãos em vinagre com água (na proporção de 3 partes de água para 1 de vinagre). Pegue um pouco de arroz (cerca de 20 g) com os dedos da mão direita e pressione gentilmente.

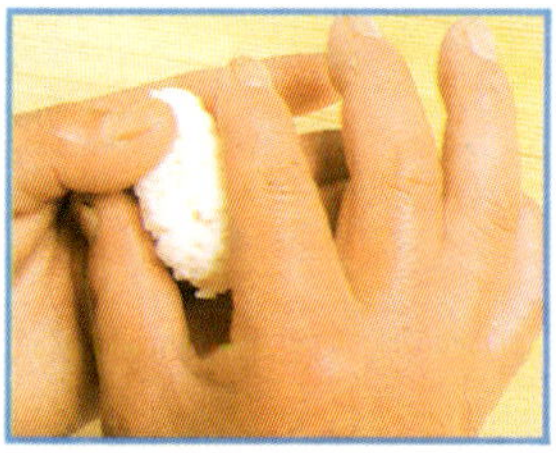

② Aperte os lados entre o polegar e o indicador da mão direita.

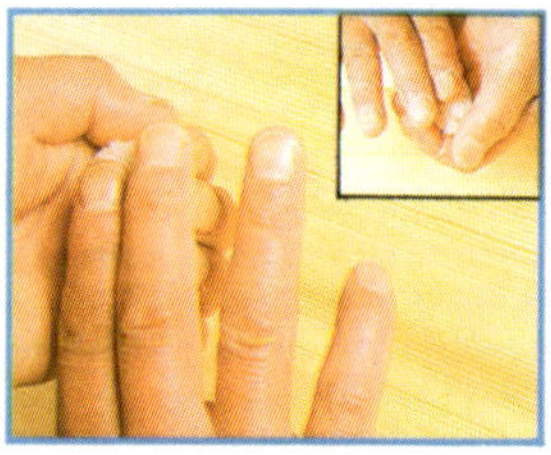

③ Com os dedos da mão direita, aperte levemente o arroz para baixo (forme um bolinho mais achatado que o *nigiri-zushi* normal).

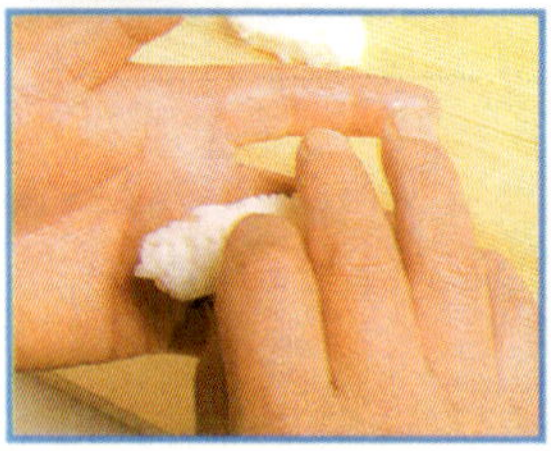

④ Com o polegar direito e o indicador, vire o *sushi*.

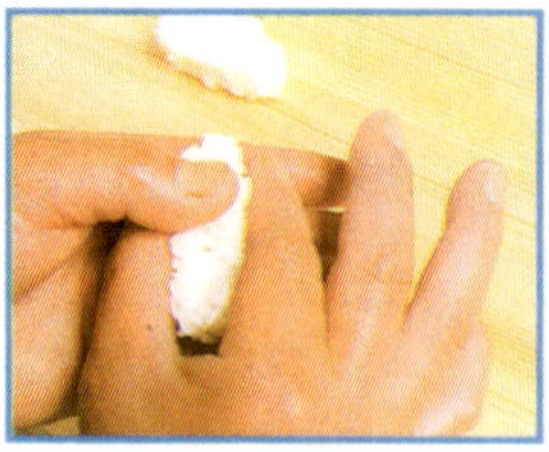

⑤ Repita como mostrado nas figuras 2 e 3. Verifique o formato novamente.

⑥ Enrole o *sushi* com uma tira de alga. Coloque o *wasabi* sobre o arroz.

⑦ Com uma colher, coloque o ouriço-do-mar por cima.

KOBASHIRA

小柱 Músculo de *aoyagi*

O kobashira é o músculo adutor comestível que abre a concha do *aoyagi*, muito mais caro que a própria carne do mesmo marisco. Antes de servir, lave levemente em água salgada.

Como dar forma ao *sushi*

Ingredientes para dois *sushi*

Cerca de 20 g de músculo de *aoyagi*

Cerca de 40 g de arroz para *sushi* (veja páginas 94 a 96)

2 tiras de alga medindo 2,5 x 18 cm cada

Uma pitada de *wasabi*

① Mergulhe ambas as mãos em vinagre com água (na proporção de 3 partes de água para 1 de vinagre). Pegue um pouco de arroz (cerca de 20 g) com os dedos da mão direita e pressione gentilmente.

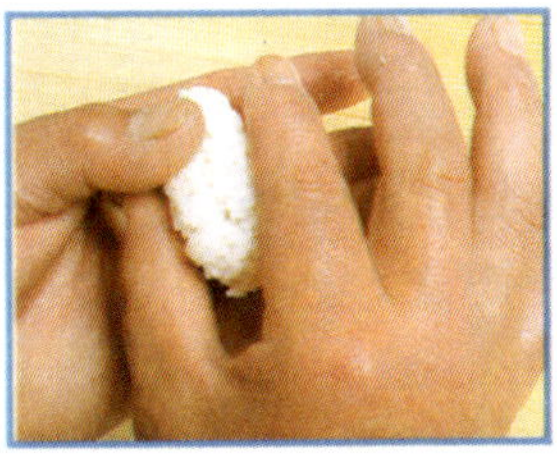

② Aperte os lados entre o polegar e o indicador da mão direita.

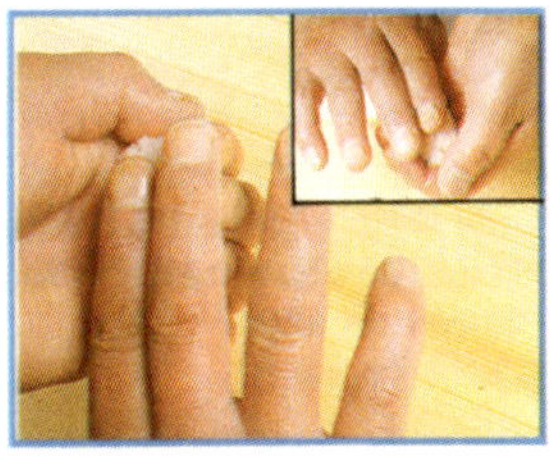

③ Com os dedos da mão direita, aperte levemente o arroz para baixo (forme um bolinho mais achatado que o *nigiri-zushi* normal).

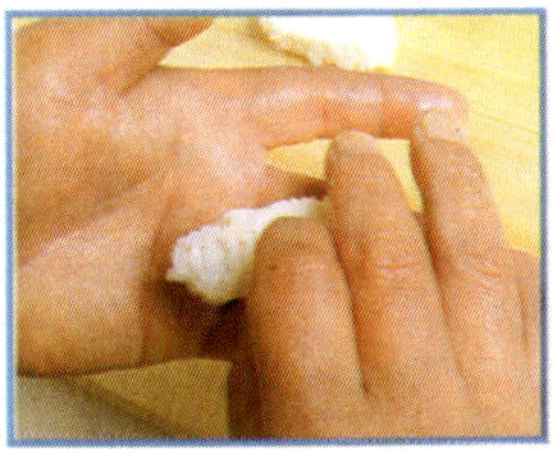

④ Com o polegar direito e o indicador, vire o *sushi*.

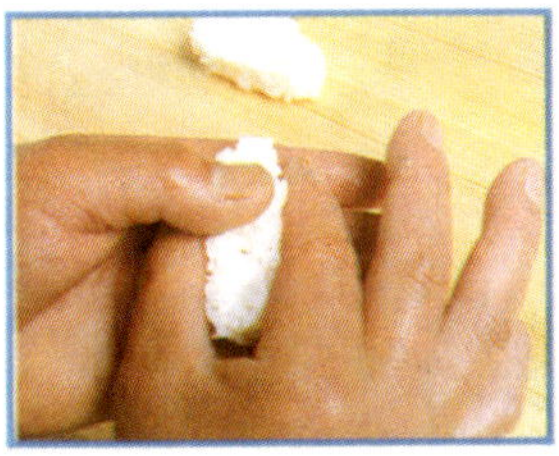

⑤ Repita como mostrado nas figuras 2 e 3. Verifique o formato novamente.

⑥ Enrole o *sushi* com uma tira de alga. Coloque o *wasabi* sobre o arroz.

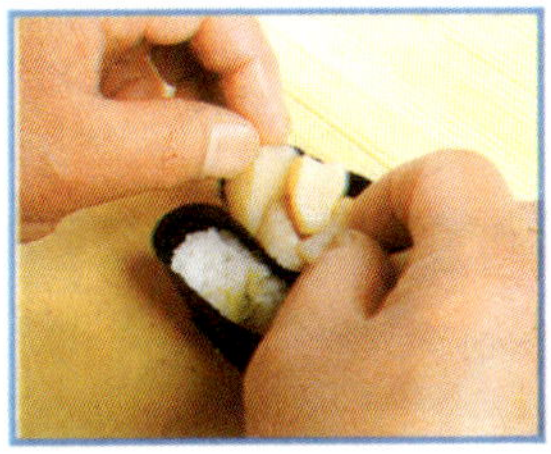

⑦ Coloque os pedaços de músculo de *aoyagi* por cima.

Chirashi-zushi

Este é um prato de *sushi* no qual vários ingredientes foram espalhados (*chirashi*). Tais ingredientes consistem em mariscos, verduras e peixes, cozidos e crus. Uma combinação comum é o atum, o olhete (arabaiana), a enguia, a omelete, o pepino, a lula grelhada, o camarão, o broto de bambu e cogumelo *shiitake*. Esta deliciosa variação de *sushi* é servida numa tigela esmaltada.

Como preparar

Ingredientes para 1 porção

150 g de arroz próprio para *sushi* (veja páginas 94 a 96)
3 fatias de atum mais gordo
3 fatias de sável
1 fatia de xaréu
2 *akagai*
7 tiras de lula
1 fatia de *kamaboko* (bolo de peixe)
Pepino japonês fatiado bem fino
Verduras cozidas
***Oboro* (flocos de peixe)**
Alga retalhada
Uma pitada de *wasabi*
Picles de gengibre

① Coloque o arroz em tigelas individuais. Espalhe um pouco de alga seca (*nori*) retalhada sobre o arroz.

② Ponha as fatias de omelete, *kamaboko*, xaréu e atum por cima.

③ Acrescente o sável e a lula.

④ Acrescente os *akagai*.

⑤ Arranje as verduras cozidas por cima. Preencha os espaços com *oboro*.

⑥ Deslize as fatias de pepino na sua mão para formar uma espécie de leque. Enfeite com fatias de gengibre e *wasabi*.

Sushi de festa

Sushi de salmão defumado comprimido

O popular salmão defumado com fatias de limão é um prato encantador. Sirva este prato esplêndido em um bufê de frios.

Arranjo

Ingredientes para 6 a 8 porções

4 xícaras de arroz para *sushi*

450 g de salmão defumado

2 folhas de 21 x 18 cm de bonito seco (*temaki katsuo*)

1 pepino japonês

1 limão

2 colheres de sopa de alcaparras

2 colheres de sopa de sementes de gergelim torradas

Lembrete: os itens a seguir podem substituir o salmão defumado

450 g de filés de salmão fresco

Para usar: mergulhe na salmoura. Seque a água. Deixe numa solução composta de 3 colheres de sopa de vinagre de arroz, duas colheres de sopa de açúcar e meia colher de sopa de sal por 30 minutos ou mais.

① Corte o salmão pela metade longitudinalmente; retire a pele.

② Fatie o salmão diagonalmente (num ângulo de 30 graus) em 7 mm de espessura.

③ Fatie o limão bem fino e o pepino como na ilustração.

④ Unte o pirex com óleo.

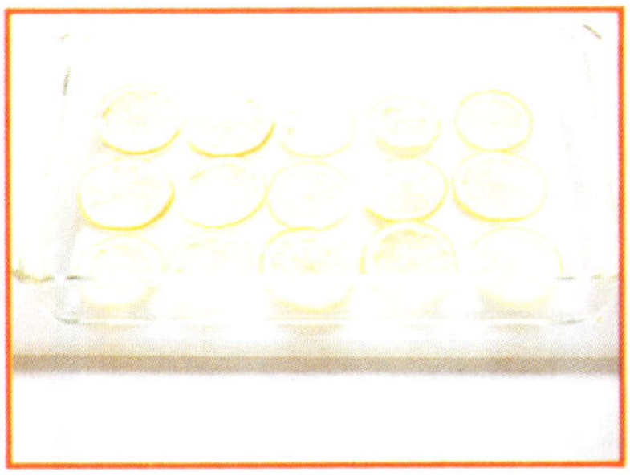

⑤ Disponha as fatias de limão no fundo do prato.

⑥ Ponha uma camada de salmão sobre as fatias de limão.

⑦ Acrescente metade do arroz de *sushi* e alise usando uma colher molhada.

⑧ Coloque as folhas de *temaki katsuo* sobre o arroz.

⑨ Arranje as fatias de pepino por cima e espalhe as sementes de gergelim.

⑩ Cubra com o restante do arroz e alise.

⑪ Cubra com plástico.

⑫ Ponha uma tábua por cima com um peso. Deixe na geladeira por 20 minutos.

⑬ Remova o peso, a tábua, o plástico e coloque uma chapa ou bandeja por cima.

⑭ Pronto para sair da forma.

⑮ Lave as alcaparras e espalhe por cima.

Sushi enrolado em omelete

Este colorido prato envolvido em fina omelete é ideal para um almoço ou uma ceia leve, acompanhado de sopa.

Arranjo

Ingredientes para 10 *sushi*

3 xícaras de arroz de *sushi* (veja páginas 94 a 96)
10 folhas finas de omelete (veja página 55)
100 g de carne magra
½ xícara de ervilhas cozidas
½ cebola
⅔ de colher de chá de sal
⅛ de colher de chá de pimenta
½ colher de chá de molho de soja leve
½ colher de chá de maisena
1 colher de sopa de sementes de gergelim torradas

1 folha de tamanho médio (10,5 x 18 cm) de *temaki katsuo* (bonito seco)
Pimentão
Espinafre

① Corte a cebola bem fina.

② Acrescente uma colher de sopa de manteiga ou margarina até dourar.

③ Adicione a carne e frite-a até ficar pronta.

④ Tempere com sal, pimenta, molho de soja. Acrescente a maisena e mexa bem. Deixe esfriar.

⑤ Misture as ervilhas cozidas, as sementes de gergelim torradas e o arroz.

⑥ Acrescente a carne frita.

⑦ Encha uma colher com a mistura (pode usar colher de madeira).

⑧ Coloque no centro da omelete.

⑨ Junte as bordas.

⑩ Amarre com fios de espinafre cozido. Fatias finas de pimentão também podem ser usadas.

⑪ Dobre pela metade.

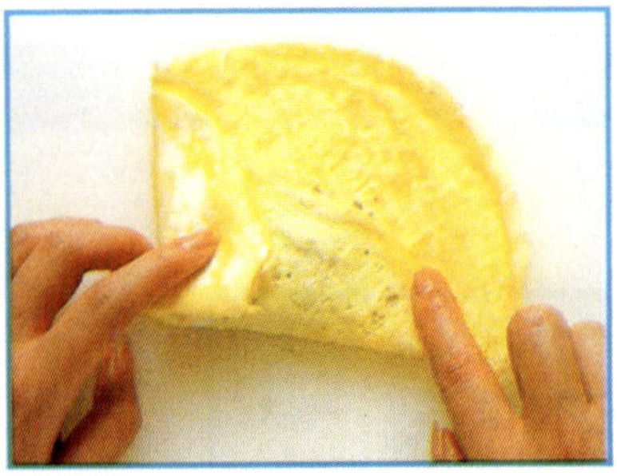

⑫ Dobre o lado esquerdo.

⑬ Dobre o lado direito.

⑭ Completamente enrolado.

⑮ Enfeite com tiras finas de *temaki katsuo*.

Sushi em camadas

Ingredientes favoritos de todas as épocas compõem este prato com arte. Faça-o em casa seguindo nossas receitas fáceis para um delicioso recheio de carne com queijo.

Arranjo

Ingredientes para 5 a 6 porções

3 ½ xícaras de arroz de *sushi* (veja páginas 94 a 96)

2 folhas finas de omelete (veja página 55)

450 g de carne magra

½ cebola

1 colher de sopa de óleo
1 ¼ de colher de chá de sal
¼ de colher de chá de pimenta
1 colher de chá de molho de soja
1 colher de chá de maisena

1 colher de sopa de sementes de gergelim torradas

¼ xícara de ervilhas cozidas

1 pepino japonês

3 fatias de queijo

1 colher de sopa de casca de limão cortada bem fina

Um pouco de maionese

Uma pitada de páprica
(Tamanho do *sushi*: 18 cm de diâmetro por 5,5 cm de altura)

① Corte duas folhas de omelete para cobrir o fundo da tigela (18 cm de diâmetro). Fatie bem fino a sobra da omelete.

② Misture a sobra da omelete, a casca de limão e as sementes de gergelim com o arroz de *sushi*.

③ Coloque uma omelete no fundo da panela.

④ Espalhe metade da carne frita (veja páginas 52 e 53).

⑤ Espalhe metade das ervilhas cozidas e cubra com meia porção da mistura de arroz. Alise a superfície.

⑥ Acrescente as fatias de queijo.

⑦ Cubra com a outra metade de carne e espalhe as ervilhas restantes.

⑧ Estenda a outra omelete em cima.

⑨ Cubra com o resto do arroz. Aperte firmemente para deixar a superfície lisa. Cubra com plástico e deixe na geladeira por 30 minutos.

⑩ Remova o plástico. Coloque um prato sobre o *sushi*.

⑪ Vire para retirar a forma.

⑫ Fatie o pepino diagonalmente e arranje como na ilustração. Acrescente um pouco de maionese e páprica, se desejar.

Como fazer folhas finas de omelete

Ingredientes

Para fazer de 10 a 12 folhas
8 ovos grandes
2 ⅔ colheres de sopa de maisena
2 ⅔ colheres de sopa de água
2 colheres de chá de sal
Óleo para fritura

Para fazer de 1 a 2 folhas
2 ovos grandes
1 colher de chá de maisena
1 colher de chá de água
1 pitada de sal

Tamanho da omelete: 23 cm de diâmetro

① Misture a maisena, a água e o sal. Acrescente aos ovos batidos.

② Unte a frigideira teflon (de 24 cm de diâmetro) em fogo brando. Retire o excesso de óleo.

③ Despeje o ovo batido apenas o suficiente para cobrir o fundo da frigideira.

④ Faça movimentos circulares com a frigideira.

⑤ Quando as bordas da omelete dobrarem e a superfície se tornar acetinada, está pronto.

⑥ Passe a omelete para um prato coberto com celofane ou plástico. A omelete deve estar bem fina. Coloque papel entre uma omelete e outra.

Chirashi-zushi (I) *Sushi* de verdura

A palavra *chirashi* significa "espalhado" em japonês.

Um *sushi* delicadamente saboroso com um sortimento de verduras de cores alegres.

Ingredientes para 4 porções

- 3 ½ xícaras de arroz para *sushi* (veja páginas 94 a 96)
- 2 cogumelos secos do tipo *shiitake*
- 40 g de cenoura
- A
  - ¼ xícara de *dashi*
  - ¼ xícara da água do cogumelo
  - 2 colheres de sopa de *mirin*
  - 1 ½ colher de sopa de molho de soja
  - 1 colher de sopa de saquê
- 2 tabletes de *tofu* seco
- B
  - 1 xícara de *dashi*
  - 3 colheres de sopa de açúcar
  - ½ colher de sopa de *mirin*
  - ½ colher de sopa de molho de soja leve
  - Uma pitada de sal
- 50 g de raiz de lótus
- C
  - 2 colheres de sopa de açúcar
  - 3 colheres de sopa de vinagre de arroz
  - 1 colher de chá de sal
  - 1 colher de chá de alume
- 120 g de broto de bambu em conserva
- 20 g ou meia xícara de ervilhas cozidas
- ¼ xícara de passas
- 2 ovos cozidos

① Coloque os cogumelos *shiitake* em água morna até amolecerem (30 min).

② Retire o líquido e deixe de lado por enquanto.

③ Corte o caule e fatie bem fino.

④ Descasque a cenoura. Faça filetes de 5 cm.

⑤ Misture os ingredientes A. Cozinhe a cenoura neles. Acrescente os cogumelos e continue cozinhando até ficar pronto.

⑥ Ponha o *tofu* em água morna durante dois a três minutos até ficar macio. Esprema para tirar o excesso de água.

⑦ Misture os ingredientes B numa caçarola. Aqueça até o açúcar derreter. Acrescente o *tofu*. Cozinhe em fogo brando até o *tofu* absorver o caldo (cerca de 25 minutos).

⑧ Deixe de lado para esfriar.

⑨ Corte o *tofu* em oitavos longitudinalmente e em três partes transversais.

⑩ Descasque a raiz de lótus, fatie em pedaços redondos finos.

⑪ Coloque a raiz de lótus numa solução de alume (ou vinagre) e dois copos de água.

⑫ Cozinhe a raiz de lótus com os ingredientes C por 4 a 5 minutos.

⑬ Corte o broto de bambu em cubos de 1,5 cm.

⑭ Misture a cenoura, o cogumelo, o *tofu*, a raiz de lótus e o arroz de *sushi*.

⑮ Corte em fatias as vagens cozidas. Acrescente as passas, as vagens e os ovos cozidos para a decoração.

Chirashi-zushi (II) *Sushi* de frutos do mar

Este *sushi*, enfeitado artisticamente com frutos do mar, é especialmente adequado para banquetes no verão. Qualquer peixe branco de carne consistente ou marisco pode ser usado.

Ingredientes para 4 porções

4 xícaras de arroz de *sushi* (veja páginas 94 a 96)
1 pepino japonês
A ┌ **1 colher de sopa de vinagre de arroz**
½ colher de sopa de açúcar
└ **Uma pitada de sal**
4 camarões
1 lula
1 lata de carne de caranguejo (170 g)
1 omelete
1 *kamaboko*
2 cogumelos secos *shiitake*

B ┌ **¼ de água da qual se cozinhou o cogumelo**
1 ½ colher de sopa de açúcar
1 ½ colher de sopa de molho de soja
└ **1 colher de sopa de saquê**
½ folha de alga
1 folha fina de omelete (veja página 55)

① Seque a carne do caranguejo. Remova a cartilagem. Corte o pepino em fatias finas. Salpique sal e retire a água. Deixe de molho com os ingredientes de A.

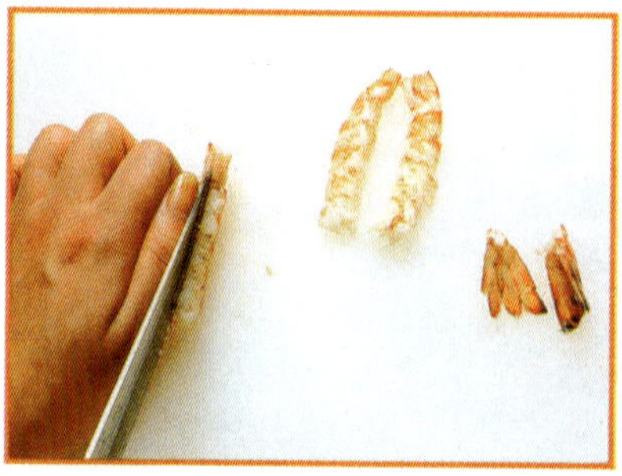

② Cozinhe os camarões por 4 a 5 minutos (veja páginas 40 e 41). Remova o rabo e corte longitudinalmente.

③ Insira a faca entre a tábua e o peixe pressionado para baixo. Corte em pedaços de 7 mm de espessura.

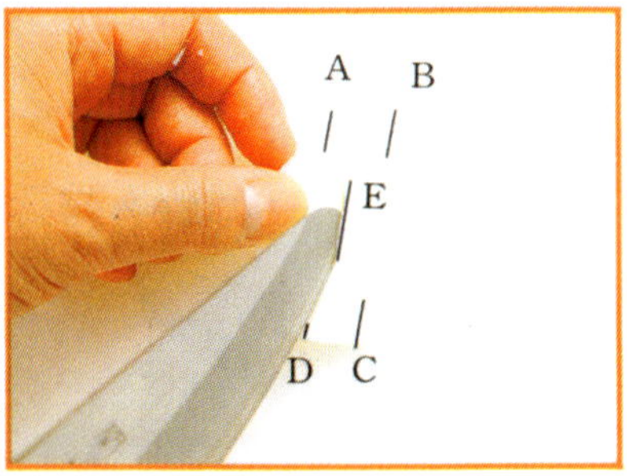

④ Insira as pontas A, B e C em E. Faça quatro pedaços de *kamaboko* como mostrado na figura.

⑤ Veja como ficou na foto acima.

⑥ Corte mais duas fatias do *kamaboko*. Faça cubos de 7 mm.

⑦ Cozinhe a lula em água fervente por 1 minuto, até que a pele se torne rosada.

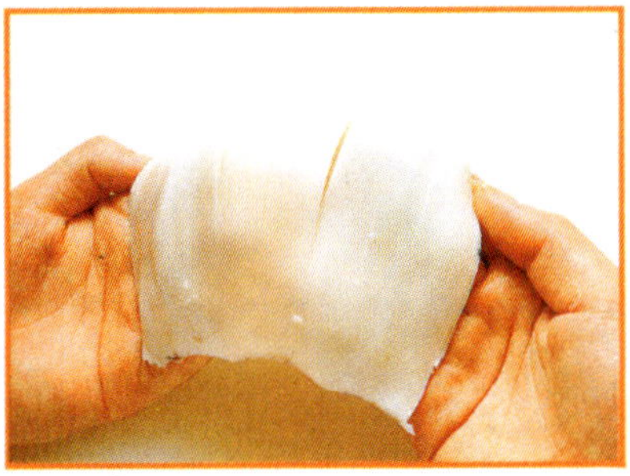

⑧ Faça cortes de 2 cm de distância entre um e outro corte como mostrado.

⑨ Coloque a metade da folha de alga em cima.

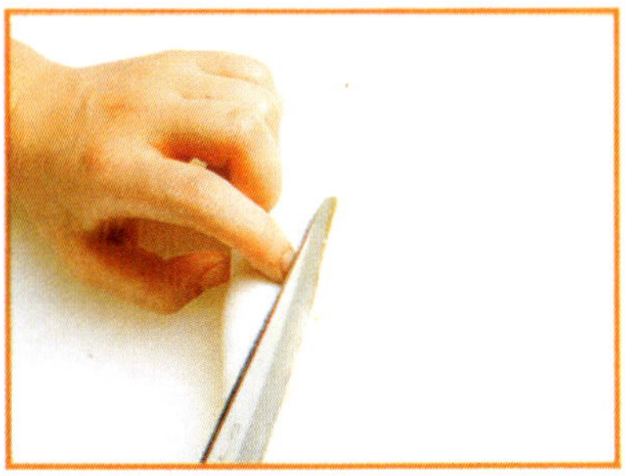

⑩ Enrole. Remova o excesso de carne.

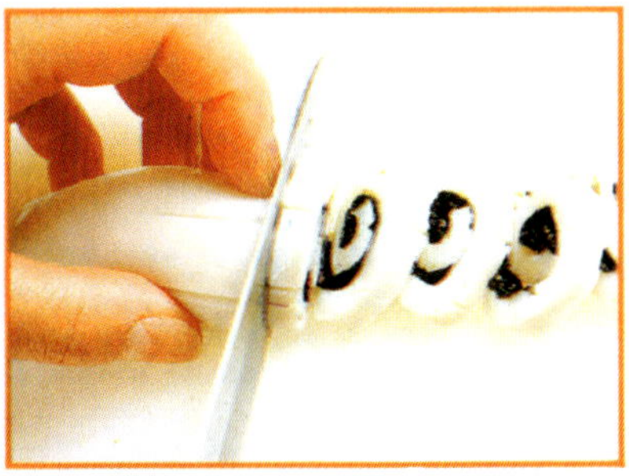

⑪ Corte em fatias de 7 mm de espessura. Mergulhe os cogumelos em água até amolecerem.

⑫ Corte o caule dos cogumelos. Corte em fatias bem finas (veja páginas 34 a 35). Cozinhe com os ingredientes de B durante 4 a 5 minutos.

⑬ Enxugue o pepino. Misture o arroz com a carne de caranguejo, o pepino, o *kamaboko* e os cogumelos.

⑭ Corte a omelete em tiras bem finas.

⑮ Ponha a mistura de arroz numa tigela e espalhe a omelete por cima. Decore com a lula e os lagostins.

Chirashi-zushi (III) *Sushi* de frango

Um *sushi* à velha moda transformou-se numa versão moderna com frango *teriyaki*.

Ingredientes para 4 a 6 porções

3 ½ xícaras de arroz de *sushi* (veja páginas 94 a 96)

40 g de cenoura

⅓ xícara de ervilhas cozidas

2 cogumelos secos *shiitake*

A
- ¼ xícara de *dashi*
- ¼ xícara da água na qual se cozinhou o cogumelo
- 2 colheres de sopa de *mirin*
- 1 ½ colher de sopa de molho de soja
- 1 colher de sopa de saquê

50 g de raiz de lótus

B
- 2 colheres de sopa de açúcar
- 3 colheres de sopa de vinagre de arroz
- ½ colher de chá de sal
- 1 colher de chá de alume

200 g de peito de frango sem pele e ossos

1 ½ colher de sopa de molho *teriyaki* (veja página 61)

4 ovos grandes

C
- ¼ xícara de leite
- ⅔ colher de chá de sal
- Uma pitada de pimenta

① Descasque a cenoura e corte em tiras longas de 2,5 cm. Coloque os cogumelos *shiitake* em água até amolecerem. Corte o caule e fatie bem fino. Cozinhe a cenoura com os ingredientes de A e acrescente os cogumelos (veja páginas 56 e 57).

② Descasque a raiz de lótus, corte em fatias de 5 mm. Coloque numa solução de alume (ou vinagre) e água. Misture os ingredientes de B numa caçarola. Quando estiver fervendo, acrescente a raiz de lótus. Cozinhe por dez minutos em fogo brando.

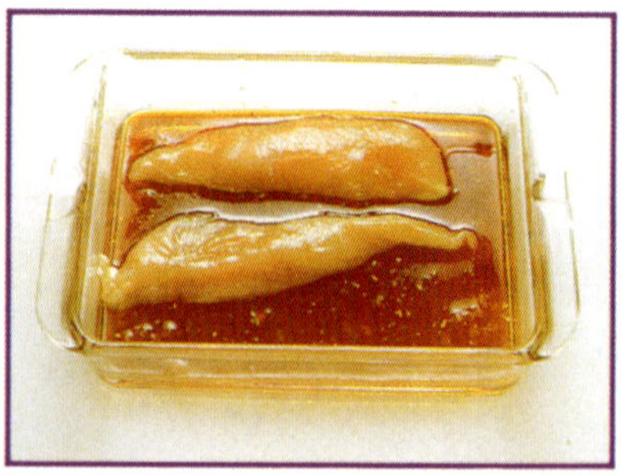

③ Deixe o frango no molho *teriyaki* durante 1 hora.

④ Asse ou grelhe o frango.

⑤ Corte o frango em cubos.

⑥ Para fazer ovos mexidos: quebre 4 ovos numa tigela e acrescente os ingredientes de C. Bata bem.

⑦ Derreta 1 colher de sopa de margarina ou manteiga na frigideira e despeje sobre os ovos mexidos. Mexa com a espátula.

⑧ Misture os ingredientes das figuras 1, 2, 5 e 2 colheres de sopa de ervilhas com o arroz de *sushi*.

⑨ Coloque ¼ da mistura de arroz num molde em forma de coração. Decore com as ervilhas e os ovos mexidos.

Como fazer o molho *teriyaki*

Ingredientes para ¼ xícara

(Suficiente para 450 g de carne)

4 colheres de sopa de molho de soja
1 colher de sopa de *mirin*
1 dente de alho amassado
2 colheres de chá de gengibre picado
1 colher de chá de sal

*** O molho *teriyaki* conserva-se durante uma semana na geladeira.**

① Ponha o molho de soja numa tigela.

② Acrescente o *mirin*.

③ Adicione o gengibre.

④ Acrescente o alho (use um espremedor de alho).

Inari-zushi

Uma versão japonesa do *abura-age* (*tofu* frito) recheado é um dos pratos favoritos de muitas pessoas. O *aburaage* pode ser temperado previamente e congelado para uso posterior. Enfeite com gengibre retalhado avermelhado.

Arranjo

Ingredientes para 20 porções

4 ½ copos de arroz para *sushi* (veja páginas 94 a 96)

10 *aburaage* (saquinhos de *tofu* frito)

A
- ⅔ copo de *dashi*
- 5 colheres de sopa de molho de soja
- 20 g de *kampyo* (tiras de abóbora seca)

B
- ¼ copo de *dashi*
- 3 colheres de sopa de açúcar
- 3 colheres de sopa de molho de soja

4 cogumelos secos *shiitake* de tamanho médio

1 copo de cenoura em cubos

C
- ⅓ copo de *dashi*
- ⅓ copo de água da qual se cozinhou o cogumelo
- 2 colheres de sopa de *mirin*
- 1 ½ colher de sopa de molho de soja
- 1 colher de sopa de saquê

1 pepino japonês

Sal

① Comprima o *aburaage* com um rolo de massa para abrir mais facilmente.

② Corte 7 pedaços no meio.

③ Corte 2 pedaços em triângulos.

④ Apare as três bordas.

⑤ Com o polegar, abra o *aburaage* como na ilustração.

⑥ Numa caçarola larga, ferva 3 copos de água. Coloque o *aburaage* e cozinhe por 2 minutos para remover o excesso de óleo. Seque bem.

⑦ Numa caçarola, esquente os ingredientes de A. Acrescente o *aburaage*. Cozinhe em fogo brando durante 20 minutos ou até que a maior parte do líquido esteja absorvida. Deixe esfriar ou ponha na geladeira.

⑧ Coloque o *kampyo* na água até amolecer.

⑨ Lave em água com sal (1 colher de sopa de sal). Enxágue bem.

⑩ Numa panela de tamanho médio, coloque 2 ½ de água fria. Acrescente o *kampyo*. Cozinhe por 15 minutos. Seque.

⑪ Numa caçarola, ferva os ingredientes de B. Acrescente o *kampyo*. Cozinhe durante 20 minutos em fogo brando. Esfrie.

⑫ Corte em quadradinhos de 7 mm. Deixe de lado.

⑬ Amacie os cogumelos. Corte o caule. Corte em cubos de 7 mm.

⑭ Descasque a cenoura e corte bem fino. Cozinhe os cogumelos e a cenoura com os ingredientes de C.

⑮ Lave o pepino. Corte em fatias bem finas. Deixe em água com sal (1 colher de sopa de sal) durante 5 minutos. Seque bem. Deixe de lado.

Inari-zushi

⑯ Misture a verdura cozida com o arroz. Acrescente o pepino. Misture bem.

⑰ Usando uma colher, encha os saquinhos de *aburaage*.

⑱ Feche.

⑲ Encha os saquinhos triangulares.

⑳ Dobre como mostrado.

㉑ Pegue o pedaço final de *aburaage* e abra-o sobre uma esteirinha de bambu, com o lado contrário virado para cima. Espalhe uma camada de arroz de 7 mm de espessura deixando 1 cm na frente e 2 cm na outra ponta descobertos.

㉒ Enrole.

㉓ Empurre as pontas.

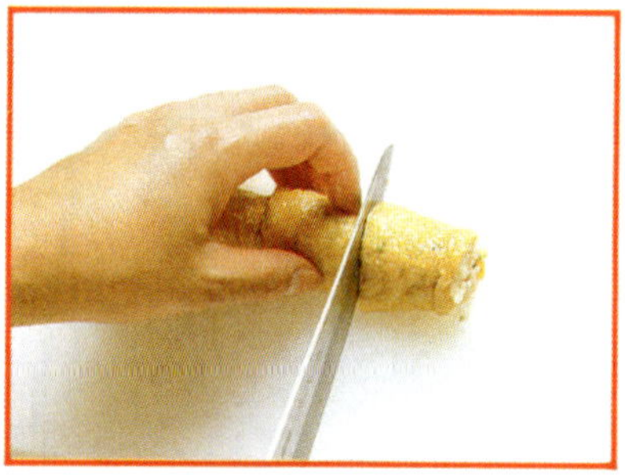

㉔ Corte em 3 pedaços.

Inari-zushi

A raposa aparece de muitas formas no folclore japonês. Um animal muito malicioso, vive pregando peças nos humanos. A raposa é também a mensageira do deus da colheita, chamado *Inari*. Como uma das comidas preferidas da raposa é o *aburaage* (*tofu* frito), o *sushi* feito de *aburaage* é chamado de *inari-zushi*.
Muitos ingredientes são acrescidos ao arroz de *sushi*, o qual é então usado como recheio dos saquinhos feitos de *aburaage*.
O *aburaage* é encontrado em latas ou sacos plásticos nos balcões refrigeradores, com 3 a 5 pedaços por pacote. Para remover o excesso de óleo, derrame água fervente sobre as folhas, seque brevemente e comprima em toalhas de papel.

Pepino japonês

O pepino japonês tem de 20 a 21,5 cm de comprimento e cerca da metade do diâmetro de um pepino brasileiro. É macio, saboroso e de textura frágil. A casca é mais fina e mais macia que a do pepino brasileiro, não sendo necessário, portanto, descascá-lo. As receitas deste livro usam o pepino japonês. Ao comprar pepinos japoneses, que podem ser encontrados na maioria das quitandas orientais, procure aqueles que estejam firmes e uniformes na cor. Se não tiver, pegue o pepino mais tenro que puder encontrar, descasque e tire as sementes. Pepinos ingleses e *zucchini* podem substituir os pepinos japoneses.

* Rápido e fácil

Ingredientes para 20 porções

4 ½ copos de arroz de *sushi* cozido
20 saquinhos de *aburaage* cozidos
Pó de *sushi-no-moto*
Verduras cozidas
Salsa picada

① Numa tigela larga, misture o arroz quente com o pó de *sushi-no-moto* instantâneo.

② Adicione as verduras cozidas e misture bem.

③ Acrescente a salsa picada se desejar.

④ Encha os saquinhos já feitos e temperados de *aburaage* com a mistura de arroz.

Método rápido e fácil

• Você pode comprar a mistura de vinagre (em pó ou líquido), as verduras cozidas (em conservas) e o *aburaage* frito (em latas ou pacotes). Tudo o que tem a fazer é misturar com o arroz cozido. Leva apenas alguns minutos. Desta forma, consegue-se fazer um prato fácil e satisfatório para convidados inesperados.
Bom também para ceias tardias, já que não engorda e satisfaz. Acrescente salsa picada, presunto, carne, etc. e prepare seu próprio *inari-zushi*. Vire o *aburaage* do avesso e empurre o recheio para dentro do saquinho. Tente criar seu próprio *inari-zushi* especial.

Sushi em rolos

Um peixe fresco num molho agridoce será muito apreciado entre seus convidados. Sirva como prato principal acompanhado de sua salada favorita ou sopa.

Arranjo

Ingredientes para 3 a 4 porções

3 copos de arroz de *sushi* (veja páginas 94 a 96)

200 g de filé de perca ou linguado de verão

A
- **3 colheres de sopa de vinagre de arroz**
- **1 colher de sopa de *mirin***

5 g de gengibre

1 limão

2 colheres de sopa de sementes de gergelim branco torradas

1 folha tamanho grande de *temaki katsuo* (bonito seco)

Um pouco de *wasabi*

① Salpique sal sobre o peixe. Enxugue com uma toalha de papel. Misture com os ingredientes de A e deixe por 1 hora.

② Enxugue e apare para que o peixe todo fique na mesma espessura.

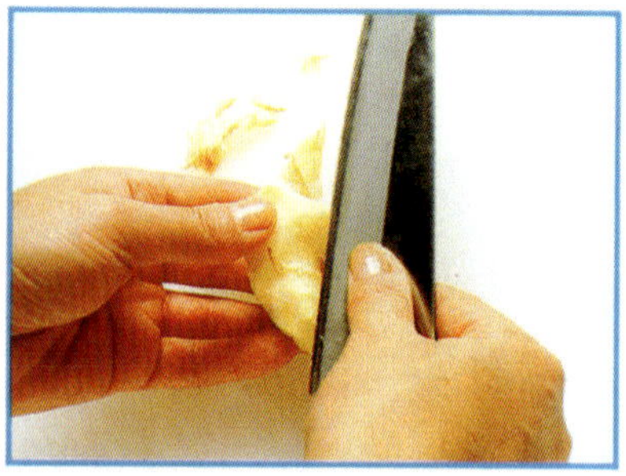

③ Descasque o gengibre.

④ Corte em tiras.

⑤ Deixe na água.

⑥ Descasque o limão.

⑦ Misture as sementes de gergelim torradas no arroz.

⑧ Acrescente a casca de limão e misture bem.

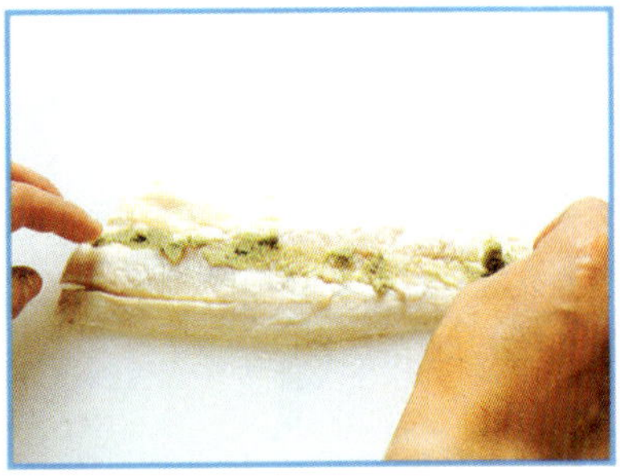

⑨ Esfregue o *wasabi* em toda a extensão do peixe.

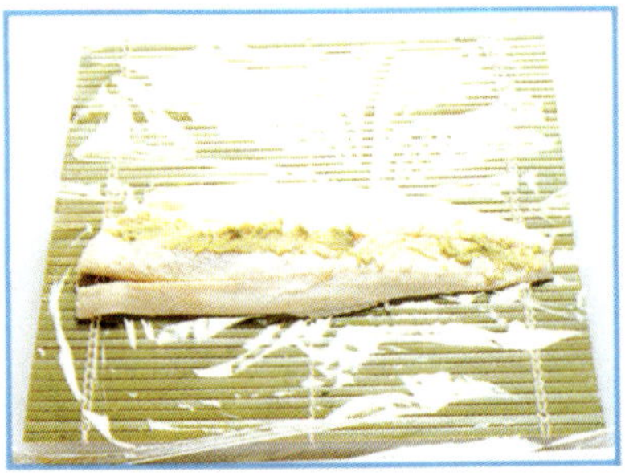

⑩ Cubra uma esteira de bambu com plástico e coloque o peixe em cima.

⑪ Seque o gengibre e coloque no centro do filé de peixe.

⑫ Corte a folha de *temaki katsuo* e coloque sobre o peixe.

⑬ Dê forma de rolo ao arroz de *sushi,* como mostrado, e coloque sobre o peixe.

⑭ Enrole.

⑮ Deixe enrolado em plástico por uma hora na geladeira. Corte em fatias prontas para servir.

Tazuna-zushi - *Sushi* "cana-de-açúcar"

Este é um colorido sortimento de alimentos arranjados como uma cana-de-açúcar. Pode ser servido como tira-gosto ou como prato principal.

Arranjo

Ingredientes para 4 a 6 porções

4 copos de arroz para *sushi*
3 camarões cozidos (veja páginas 40 e 41)
60 g de sável em conserva
1 pepino japonês
1 folha fina de omelete (veja página 55)
¼ de folha de alga

① Corte os camarões no meio longitudinalmente. Corte o rabo.

② Corte o sável no meio, no mesmo comprimento dos camarões.

③ Corte o pepino no meio longitudinalmente. Corte outra vez.

④ Corte os pepinos em 3 ou do mesmo tamanho dos camarões. Em seguida, corte em tiras.

⑤ Corte a omelete em 4 longitudinalmente. Em seguida, corte 2 linhas no centro dentro de 3 horizontalmente.

⑥ Corte as pontas da omelete em fatias de 1,5 cm de largura.

⑦ Arranje os ingredientes num ângulo de 30 graus sobre uma toalha de plástico, como mostrado acima. Coloque a folha de alga por cima.

⑧ Acrescente o arroz.

⑨ Faça um vão no centro usando os dedos.

⑩ Ponha o pepino no vão.

⑪ Coloque a omelete por cima.

⑫ Comece a enrolar.

⑬ Enrole com firmeza.

⑭ Deixe durante 30 minutos enrolado em plástico. É fácil de ser cortado com o plástico ainda enrolado.

Dica

A cor é levada em conta, assim como o sabor. Para um resultado melhor:
① Faça uma amostra atraente. Imagine primeiro um esquema de cor (por exemplo, camarões e atum não dariam uma boa combinação).
② Ajuste o comprimento e a largura dos pedaços de peixe.
③ Se você é um iniciante, envolva os ingredientes com uma folha larga de alga para que grudem ao arroz.

Rolo pequeno

Assim que conseguir dominar a arte de fazer um *sushi* enrolado, poderá criar uma variedade de formas com o recheio de sua escolha.

Arranjo

a) *Kampyo maki*

Ingredientes para 4 rolos

30 g de *kampyo* cozido (veja página 63)

2 folhas de alga

1 ½ copo de arroz de *sushi* (veja páginas 94 a 96)

① Corte a folha de alga pela metade, longitudinalmente (10,5 x 18 cm). Coloque a alga na esteirinha com a face brilhante para baixo.

② Coloque ¼ do arroz de *sushi* sobre a folha de alga. Espalhe uma camada de 5 mm com as costas de uma colher. Deixe 2,5 cm sem cobrir nas pontas.

③ Coloque o *kampyo* cozido no centro.

④ Comece a enrolar levantando a esteirinha de bambu e pressionando o *kampyo* com os dedos.

⑤ Enrole com firmeza. Aperte as pontas. Um rolo dá para fazer seis pedaços.

b) *Tekka maki*

Ingredientes para 4 rolos

60 g de atum
2 folhas de alga
1 ½ copo de arroz de *sushi* (veja páginas 94 a 96)
1 colher de sopa de *wasabi*

① Corte o atum em pedaços no mesmo comprimento da folha de alga e em 1,5 cm de espessura.

② Espalhe ¼ do arroz sobre a alga. Ponha um pouco de *wasabi* no centro do arroz. Enrole como mostrado em "a".

c) *Kappa maki*

Ingredientes para 4 rolos

1 pepino japonês ou ½ *zucchini*
2 folhas de alga
1 ½ copo de arroz de *sushi* (veja páginas 94 a 96)
1 colher de sopa de *wasabi*

① Corte o pepino no mesmo comprimento da folha de alga.

② Corte longitudinalmente no meio. Corte novamente do mesmo jeito para fazer 4 pedaços. Enrole como mostrado em "a".

d) *Oshinko maki*

Ingredientes para 4 rolos

60 g de rabanete em conserva (*daikon*)
2 folhas de alga
1 ½ copo de arroz de *sushi* (veja páginas 94 a 96)

① Corte o rabanete longitudinalmente no mesmo comprimento da folha de alga.

② Corte em tiras de 1 cm de espessura. Enrole como mostrado em "a".

Variação no método de corte

Corte básico

Corte em 6 fatias, molhando a faca a cada corte.

Corte da variação

Enfie os espetos nos 4 *sushis* enrolados e então corte em 4, fazendo 16 pedaços.

Variação no método de enrolar

Enrolamento

Enrole como *sushi* enrolado e então pressione uma ponta ao mesmo tempo para conseguir um formato triangular.

Arranjo

Os 6 pedaços de *sushi* ficam parecendo pétalas.

Rolo médio

Recheio colorido enrolado em alga e cortado em fatias grossas.

Arranjo

a) Rolo de carne branca de peixe, omelete e pepino japonês

Ingredientes para 2 rolos

100 g de filé de peixe
2 colheres de sopa de molho *teriyaki* (veja página 61)
50 g de omelete grossa
1 pepino japonês
2 folhas de alga
1 ½ copo de arroz para *sushi* (veja páginas 94 a 96)

① Deixe o peixe no molho *teriyaki* por uma hora.

② Esquente óleo numa frigideira e grelhe o peixe de ambos os lados. Corte em pedaços de 5 cm de comprimento e 2 cm de largura.

③ Corte a omelete grossa em pedaços de 7 mm.

④ Espalhe metade do arroz sobre a alga. Alise com a costas de uma colher de madeira.

⑤ Deixe 1 cm na frente e 2 cm na outra ponta sem cobrir.

⑥ Coloque todos os ingredientes no centro.

⑦ Erga a esteirinha de bambu com os dedos, ao mesmo tempo em que segura os ingredientes.

⑧ Enrole bem apertado.

⑨ Aperte as pontas com os dedos.

⑩ Corte pela metade.

⑪ Dá para fazer de 6 a 8 pedaços.

b) Rolo de sardinha e espinafre

Ingredientes para 2 rolos

1 molho de espinafre
1 lata de sardinha (60 g)
2 folhas de alga
4 folhas pequenas (5 x 9 cm) de *temaki katsuo*
1 ½ copo de arroz de *sushi* (veja páginas 94 a 96)

① Cozinhe o espinafre em água salgada, escoe e comprima para retirar o excesso de água.

② Espalhe metade do arroz (7 mm de espessura) deixando 1 cm na frente e 2 cm atrás sem cobrir.

③ Coloque duas folhas de *temaki katsuo* no centro.

④ Ponha o espinafre e a sardinha por cima, como mostrado.

⑤ Erga a esteirinha de bambu como mostrado acima. Enrole o *sushi* na esteirinha, como mostrado no rolo "a".

Rolo jumbo

a

b

Os japoneses usam a alga em muitos pratos quando cozinham. A combinação de cores é essencial para o sucesso de muitos pratos japoneses.

a) Rolo de salsicha *wiener*, pepino e queijo

Ingredientes para 2 rolos

2 salsichas *wiener* cozidas
70 g de queijo à sua escolha
1 pepino japonês
3 folhas de alga
2 ½ copos de arroz para *sushi* (veja páginas 94 a 96)
1 colher de sopa de sementes torradas de gergelim e mistura de sal

① Corte o pepino no mesmo comprimento da alga (18 cm).

② Depois corte longitudinalmente no meio e então em quatro partes.

③ Corte as salsichas no meio, longitudinalmente, e depois transversalmente, também no meio. Corte o queijo.

④ Corte uma folha de alga no meio.

⑤ Coloque 1 ½ folha de alga na esteirinha de bambu com a face brilhante virada para baixo. Espalhe uma camada de 7 mm de espessura com arroz, deixando 1 cm na frente e 2 cm atrás, sem cobrir.

⑥ Arranje a salsicha, o pepino e o queijo conforme ilustrado. Espalhe as sementes de gergelim e a mistura de sal.

⑦ Comece a enrolar.

⑧ Enrole com a esteirinha de bambu.

⑨ Enrole de forma bem compacta.

⑩ Desenrole a esteirinha e empurre o arroz nas duas pontas.

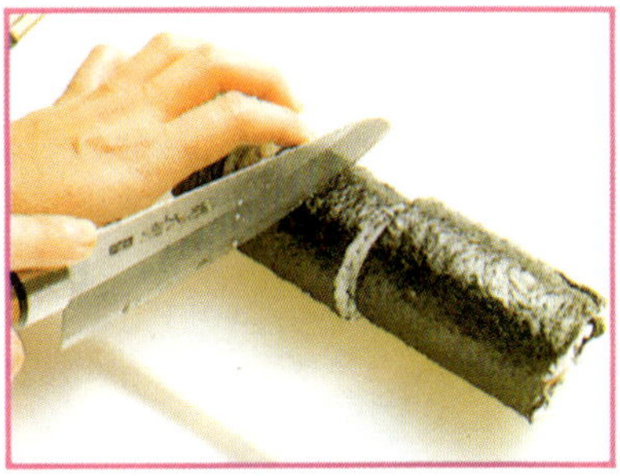

⑪ Corte no meio. Dá para fazer 6 pedaços. Molhe a faca antes de cortar.

b) Rolo havaiano

Ingredientes para 2 rolos

100 g de presunto
2 fatias de abacaxi em conserva
½ molho de espinafre
3 folhas de alga
2 ½ copos de arroz para *sushi* (veja páginas 94 a 96)

① Corte longitudinalmente uma folha de *nori* no meio. Cozinhe o espinafre em água com sal. Retire o excesso de água.

② Corte o espinafre no mesmo comprimento da alga (18 cm).

③ Fatie o presunto em pedaços de 7 mm.

④ Corte as fatias de abacaxi.

⑤ Coloque os ingredientes como mostrado. Enrole o *sushi* usando a esteirinha, como mostrado no item "a". Enrole de forma bem compacta. Empurre o arroz nas duas pontas. Corte no meio. Dá para fazer 6 pedaços.

Tomoe-zushi *Sushi* em par

Esta variação de sushi enrolado é ideal para um jantar íntimo, servido com uma variada salada verde e sopa.

Arranjo

Ingredientes para 6 pares

½ molho de espinafre
1 lata de atum (200 g)
1 colher de sopa de maionese
2 folhas de alga
1 copo de arroz para *sushi* **(veja páginas 94 a 96)**

① Seque o atum e misture com maionese. Cozinhe o espinafre.

② Espalhe metade do arroz sobre a alga deixando 1 cm descoberto na frente. Coloque o atum e o espinafre sobre um terço do arroz.

③ Erga a esteirinha e comece a enrolar.

④ Pressione para baixo em direção à ponta do rolo.

⑤ Enrole em formato de pera.

⑥ Corte pela metade.

⑦ Coloque as duas metades juntas como mostrado.

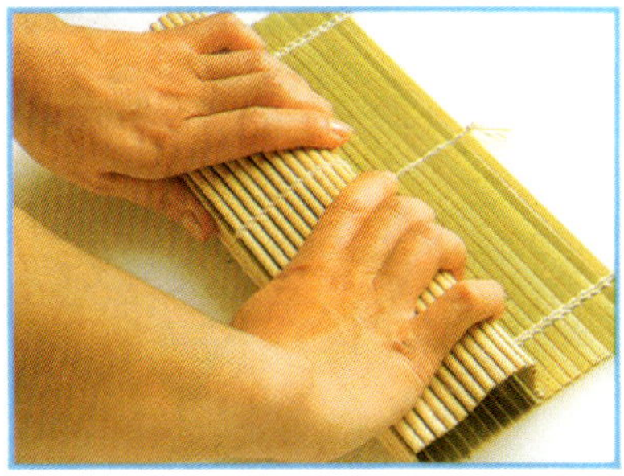

⑧ Ponha sobre a esteirinha de bambu. Faça formato retangular. Corte em três.

Variação

① Salpique tempero de *sushi* em pó sobre o arroz enquanto ainda está quente. Misture fazendo movimentos de corte, usando uma colher de madeira. Deixe esfriar.

② Espalhe arroz sobre dois terços da folha de alga, deixando 1 cm livre na frente.

③ Coloque o atum e o espinafre no centro.

④ Comece a enrolar. Aperte o fim do rolo.

⑤ Dobre a parte da alga não coberta de arroz em direção ao rolo. Corte em 8 fatias. Molhe a faca após cada corte.

Como servir

Rolo verde

Salsa verde fresca acrescenta um sabor distinto ao *sushi*. Outros tipos de ervas frescas também podem ser usadas.

Arranjo

Ingredientes para 2 rolos

- **1 molho de salsa**
- **1 pepino**
- **2 folhas grandes de *temaki katsuo* (21 x 18 cm)**
- **1 lata de salmão (200 g)**
- **1 colher de sopa de sementes de gergelim e sal misturado**
- **1 ½ copo de arroz de *sushi* (veja páginas 94 a 96)**

① Lave a salsa e corte bem fino.

② Escoe o salmão.

③ Remova os ossos e a pele.

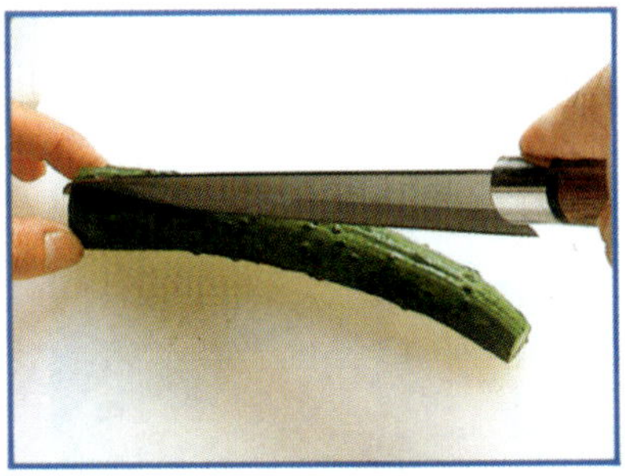

④ Corte o pepino longitudinalmente em quatro partes.

⑤ Ponha uma folha de plástico sobre a esteirinha de bambu. Espalhe uma camada de 7 mm de arroz e do mesmo tamanho que a folha de *temaki katsuo*.

⑥ Coloque a folha de *temaki katsuo* sobre o arroz. Ponha o salmão por cima.

⑦ Arranje o pepino da forma como é mostrado.

⑧ Salpique a mistura de sal e sementes de gergelim em cima.

⑨ Erga a esteirinha de bambu com os dedos polegar e indicador, empurrando os ingredientes em sua direção.

⑩ Enrole cuidadosamente. Remova a esteirinha e retire o plástico.

⑪ Salpique salsa picada no arroz enrolado.

⑫ Se necessário, remodele com o plástico e a esteirinha de bambu.

Salsa

A salsa, que é usada extensivamente como enfeite, contém muitas vitaminas A e C, ferro, cálcio, entre outros. Como a salsa tem forte fragrância, deve ser usada moderadamente. Ao prepará-la, deve-se tomar alguns cuidados. Salsa picada misturada aos pratos de carne, saladas ou sopas é uma das formas bem conhecidas de usá-la.

Ao usar salsa picada, seque primeiro toda a água com gaze. Não deixe a salsa enrolada em gaze debaixo da torneira, pois este método de lavar afeta a cor e o sabor que são, afinal, as características especiais dessa verdura.

Para aqueles que não podem comer salsa crua, sugerimos fritá-la. Lave a salsa, remova a água com um pano, moa levemente e frite. Se fritar demais, ficará mole e frágil. Portanto, frite com cuidado para que fique torradinha ao ser removida do óleo.

A salsa é uma verdura pequena frequentemente negligenciada. Sirva-a quantas vezes puder.

SALSA

Rolo de omelete fino

a

b

Há muitas formas de preparar e servir ovos. Este é um prato colorido e fácil de fazer.

a) Rolo de carne moída e aspargo

Ingredientes para 2 rolos

2 folhas de omelete finas (veja página 55)
½ lata de carne moída
2 hastes de aspargos
2 picles pequenos
1 ½ copo de arroz de *sushi* (veja páginas 94 a 96)

① Cozinhe os aspargos em água com sal e deixe de lado.

② Corte os picles em quatro partes longitudinalmente.

③ Carne moída.

④ Coloque uma folha de plástico na esteirinha de bambu. Ponha a omelete por cima e espalhe o arroz (como mostrado). Arranje todos os ingredientes no centro do arroz.

⑤ Para enrolar a omelete, aperte levemente e erga a esteirinha com os polegares.

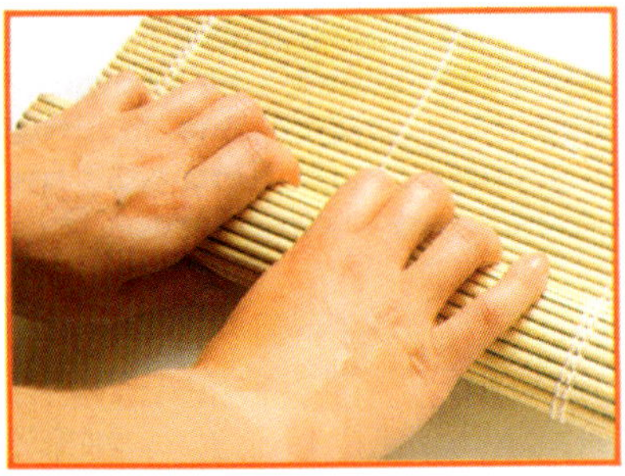

⑥ Enrole, pressionando com firmeza.

⑦ Remova a esteirinha.

⑧ Corte no meio e depois em terços (dá para 6 pedaços).

b) Rolo de bife e *daikon*

Ingredientes para 2 rolos

2 folhas de omelete fina (veja página 55)
Daikon **(rabanete)**
1 colher de sopa de sementes de gergelim branco torradas
100 g de lombo de vaca
2 colheres de sopa de molho ***teriyaki*** **(veja página 61)**
1 ½ copo de arroz de ***sushi*** **(veja páginas 94 a 96)**

① Deixe a carne no molho *teriyaki* durante 1 hora ou mais.

② Frite a carne na frigideira, adicionando uma pequena quantidade de molho *teriyaki*.

③ Frite bem a carne dos dois lados. Acrescente mais molho se necessário.

④ Corte a carne em fatias de 7 mm de largura.

⑤ Corte o *daikon* em pedaços de 1,5 de largura e 24 cm de comprimento.

⑥ Coloque uma folha de plástico sobre a esteirinha de bambu e a omelete por cima. Espalhe arroz sobre a omelete. Arranje a carne e o *daikon* como na ilustração. Espalhe sementes de gergelim.

⑦ Enrole como mostrado no item "a".

⑧ Corte em quatro pedaços.

Temaki-zushi (I) Rolo de alga *nori*

Acabe com as preocupações e inquietações na hora de cozinhar. Deixe seus convidados fazerem seu próprio *sushi*. Será uma festa deliciosa e animada.

Arranjo

Rolo de alga *nori* feito à mão

Alga

(10,5 x 18 cm)

\+

Arroz de *sushi*

(veja páginas 94 a 96)

a) Rolo de *natto*, folha de *shiso* e cebolinha

Ingredientes para 4 rolos

100 g de *natto*
4 folhas de *shiso*
2 colheres de sopa de cebolinha picada
Um pouco de mostarda
Um pouco de molho de soja

① Misture o *natto* com o molho de soja e a mostarda.

② Corte a alga no meio longitudinalmente.

③ Coloque a folha de alga na palma da mão esquerda e ponha um pouco de arroz.

④ Acrescente o *shiso*, o *natto* e a cebolinha.

⑤ Embrulhe com a folha de alga.

⑥ Enrole da esquerda para a direita.

⑦ Está pronto para ser comido.

b) Rolo de salmão defumado com rodelas de cebola

Ingredientes para 4 rolos

50 g de salmão defumado

¼ de cebola em finas rodelas

A ┌ **¼ copo de vinagre de arroz**
└ **1 colher de chá de sal**

① Corte o salmão em fatias diagonalmente.

② Deixe a cebola com os ingredientes de "A".

③ Ponha um pouco de arroz na folha de alga, acrescente o salmão e a cebola. Enrole como mostrado no item "a".

c) Rolo de pepino e semente de gergelim

Ingredientes para 4 rolos

1 pepino japonês

Um pouco de sementes torradas de gergelim e sal

Um pouco de *wasabi*

① Corte longitudinalmente o pepino no meio.

② Continue cortando até fazer 8 pedaços.

③ Coloque a folha de alga na palma da mão esquerda e ponha um pouco de arroz.

④ Passe um pouco de *wasabi*.

⑤ Coloque o pepino, espalhe as sementes de gergelim e o sal.

⑥ Enrole da esquerda para a direita.

Temaki-zushi (I) Rolo de alga *nori*

Ingredientes para 4 rolos

1 abacate
¼ de limão
4 filetes de bolo de peixe
1 pepino

d) rolo de abacate, bolo de peixe e pepino japonês

① Descasque o abacate.

② Corte em forma de cunha e remova a semente.

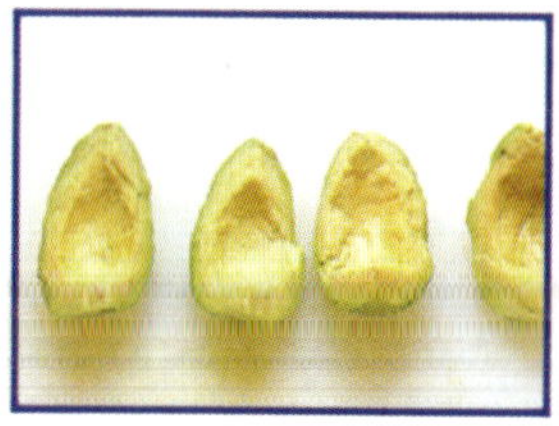

③ Corte em quatro e depois em oito pedaços.

④ Esprema suco de limão sobre os pedaços de abacate.

⑤ Coloque a folha de alga na palma da mão esquerda. Ponha um pouco de arroz, abacate e bolo de peixe.

⑥ Acrescente o filete de pepino.

⑦ Enrole da esquerda para a direita.

* Festas com *sushi* são divertidas. Experimente em casa.

Os convidados podem fazer seu próprio *sushi*. Para tanto, você precisará do seguinte:
Arroz de *sushi* (veja páginas 94 a 96)
Folhas de alga (*nori*)
Uma seleção de alimentos do mar, incluindo atum, camarões, lula, mariscos e qualquer peixe da estação
Salmão defumado, omelete, folhas de *shiso*
Molho de soja
Wasabi

Temaki-zushi (II) Rolo de folha de *temaki katsuo*

Descubra a textura peculiar da folha de *temaki katsuo*, feita de flocos do peixe bonito japonês tradicional. Este pode ser um almoço bem ao estilo japonês.

Arranjo

☆ Rolo com folha de temaki katsuo feito à mão

Folha de *temaki katsuo*

(tamanho médio, 10,5 x 18 cm)

+

Arroz de *sushi*

(veja páginas 94 a 96)

a) Rolo de cenoura e aspargo

Ingredientes para 4 rolos

1 cenoura
4 hastes de aspargo
1 colher de sopa de mistura de sal com sementes de gergelim
5 g de flocos de bonito seco
Um pouco de molho de soja

① Descasque a cenoura.

② Corte em filetes de 10 cm de comprimento por 1 cm de largura.

③ Cozinhe o aspargo em água e sal. Mergulhe em água fria. Escoe bem. Corte pela metade.

Temaki-zushi (II) Rolo de folha de *temaki-zushi*

④ Tempere os flocos de bonito com molho de soja.

⑤ Coloque a folha de *temaki katsuo* na palma da mão esquerda e ponha um pouco de arroz.

⑥ Ponha a cenoura e o aspargo em cima.

⑦ Espalhe flocos de bonito e sementes de gergelim. Enrole da esquerda para a direita.

b) Rolo de pepino japonês

Ingredientes para 4 rolos

1 pepino japonês

Um pouco de *wasabi*

① Coloque a folha de *temaki katsuo* na palma da mão esquerda, ponha um pouco de arroz, *wasabi* e pepino por cima.

② Enrole da esquerda para a direita.

③ Está pronto para ser degustado.

c) Rolo de sardinha e salsa

Ingredientes para 4 rolos

1 lata de sardinha

1 molho de salsa

① Lave a salsa e corte bem fina.

② Coloque a folha de *temaki katsuo* na palma da mão esquerda, um pouco de arroz, sardinha e salsa por cima.

③ Enrole da esquerda para a direita.

d) Rolo de cogumelo, folha de *shiso*, pepino e pasta de ameixa em conserva

Ingredientes para 4 rolos

4 cogumelos frescos

4 folhas de *shiso*

1 pepino japonês

2 colheres de chá de pasta de ameixa em conserva

① Limpe os cogumelos e corte em fatias finas.

② Coloque a folha de *temaki katsuo* na palma da mão esquerda e arroz por cima. Acrescente a folha de *shiso* e a pasta de ameixa.

③ Arranje o cogumelo em cima. Enrole da esquerda para a direita.

Variações

Folha de *temaki katsuo* de tamanho médio

(10,5 x 18 cm)

a) Rolo de camarão e pepino

Ingredientes para 4 rolos

4 camarões ou lagostins (veja páginas 40 e 41)

1 pepino japonês

Um pouco de *wasabi*

① Corte o pepino em 8 pedaços.

② Ponha juntos o pepino, o camarão, o *wasabi*, e enrole nas folhas de *temaki katsuo* da esquerda para a direita.

③ Está pronto para ser degustado.

b) Rolo de salmão defumado, cebola e abacate

Ingredientes para 4 rolos

50 g de salmão defumado

¼ de cebola em rodelas finas

A ┌ ¼ copo de vinagre de arroz
**   └ 1 colher de chá de sal**

1 abacate

2 colheres de sopa de suco de limão

① Deixe a cenoura nos ingredientes de A por 15 minutos. Corte o salmão em fatias na posição diagonal. Descasque o abacate e corte em forma de cunhas (veja página 84). Esprema suco de limão.

② Arranje o salmão, o abacate e a cebola como na ilustração.

③ Enrole da esquerda para a direita.

c) Rolo de caviar e cebola picada

Ingredientes para 4 rolos

50 g de caviar

¼ copo de cebola picada

① Coloque ¼ de caviar sobre a folha de *temaki katsuo* como ilustrado.

② Coloque a cebola picada por cima.

③ Enrole da esquerda para a direita.

Temaki-zushi (III) Rolo de omelete fina

Ideal para um almoço leve. Favorito em todas as épocas. Ovos combinam especialmente bem com arroz de *sushi*.

Arranjo

Rolo de omelete fina

Omelete fina

(veja página 55)

\+

Arroz de *sushi*

(veja páginas 94 a 96)

a) Rolo havaiano

Ingredientes para 4 rolos

70 g de presunto

2 fatias de abacaxi em conserva

① Corte o abacaxi em oito pedaços.

② Corte o presunto em pedaços de 7 mm de largura.

③ Corte a omelete no meio.

④ Espalhe arroz no centro da omelete como na ilustração.

⑤ Coloque o presunto e o abacaxi em cima.

⑥ Dobre o lado esquerdo.

⑦ Dobre o lado direito.

b) Rolo de salsicha de *viena* e queijo

Ingredientes para 4 rolos

2 a 3 salsichas de *viena* cozidas
70 g de queijo

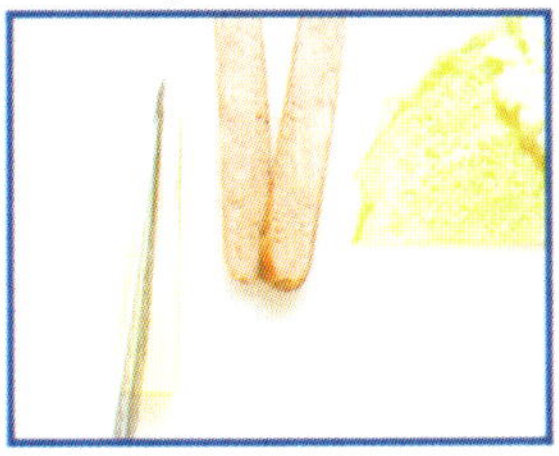

① Corte as salsichas longitudinalmente no meio. Corte o queijo em pedaços de 1,5 cm de espessura.

② Corte a omelete no meio. Coloque o arroz, a salsicha e o queijo em cima.

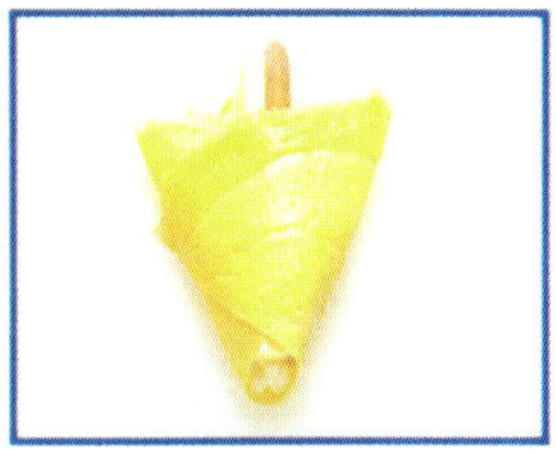

③ Dobre o lado esquerdo em direção ao centro e o lado direito por cima.

c) Rolo de alface vermelha e salame

Ingredientes para 4 rolos

2 fatias de salame
2 folhas de alface vermelha

① Corte o salame em pedaços de 7 mm de espessura.

② Corte a omelete no meio e coloque o arroz, o salame e a alface em cima.

③ Dobre o lado esquerdo em direção ao centro e o lado direito por cima.

Ovos de galinha e de codorna

Ovo de galinha é um alimento rico em proteína. Tem valor proteico de 100, o qual consiste no ideal máximo de todos os alimentos. A clara do ovo contém apenas proteína pura, mas a gema contém tanto ferro quanto vitamina A.

A gema contém ainda lecitina, que impede o aumento do colesterol no sangue. Alguns especialistas relatam, contudo, que o colesterol contido no ovo de galinha é relativamente alto. Apesar disso, o colesterol no sangue não aumenta quando se come ovos. A proteína contida em um ovo de galinha pesa cerca de 5 g, a qual é aproximadamente equivalente àquela contida em 180 cc do leite de vaca. Mas, ao comer ovos, você deve também comer verduras e frutas, já que o ovo é um dos alimentos formadores de ácido no organismo. O ovo de codorna é muito menor que o ovo de galinha e a casca é cinza com manchas marrons. Possui grande concentração de vitamina B1, aproximadamente três vezes mais do que a encontrada no ovo de galinha. Uma vez que contém menos água e mais proteína que o ovo de galinha, seu sabor é mais rico. Ovos frescos têm uma casca lustrosa e são mais pesados que os ovos velhos. Tenha isso em mente ao comprar ovos.

Temaki-zushi (IV) Rolo de alface vermelha

Carne, peixes e outros recheios ficam muito saborosos se envolvidos em folhas de alface.

☆ Rolo de alface vermelha feito à mão

Alface vermelha

(lave e seque)

+

Arroz de *sushi*

(veja páginas 94 a 96)

a) Rolo de picles e rosbife

Ingredientes para 4 rolos

4 fatias de rosbife
4 picles
Um pouco de molho de rábano

① Corte os picles longitudinalmente pela metade.

② Coloque o rosbife sobre a folha de alface.

③ Passe um pouco de molho de rábano por cima.

④ Acrescente picles.

⑤ Ponha um pouco de arroz em cima.

⑥ Dobre primeiro o fundo da folha de alface, e depois os lados em direção ao centro.

⑦ Está pronto para ser degustado.

b) Rolo de frango *teriyaki*

Ingredientes para 4 rolos

80 g de peito de frango desossado sem pele

3 colheres de sopa de molho *teriyaki* (veja página 61)

40 g de *kaiwarena*

2 colheres de sopa de mistura de sal com sementes torradas de gergelim

① Deixe o frango no molho *teriyaki* durante 1 hora. Depois grelhe ou asse. Esfrie-o sobre a folha de alface.

② Adicione *kaiwarena* e espalhe a mistura de sementes de gergelim com sal. Coloque o arroz por cima.

③ Dobre primeiro o fundo da folha de alface, e depois os lados em direção ao centro.

c) Rolo de broto de alfafa, cogumelo e semente de girassol

Ingredientes para 4 rolos

40 g de broto de alfafa

4 cogumelos frescos

2 colheres de sopa de semente de girassol

2 colheres de sopa de semente de gergelim torradas misturadas com sal

① Coloque os brotos de alfafa sobre a alface. Limpe os cogumelos e fatie bem fino. Coloque sobre os brotos de alfafa.

② Espalhe as sementes de girassol e gergelim e ponha o arroz por cima.

③ Dobre primeiro o fundo da folha de alface, e depois os lados em direção ao centro.

Alface

Provavelmente nativa da região mediterrânea, mas agora cultivada no mundo inteiro, a alface contém muitas vitaminas e cálcio. Há três variedades principais de alface: a alface iceberg, a alface de folha vermelha e a alface Boston. Todas as três são encontradas durante o ano inteiro e usadas principalmente cruas, em saladas, embora possam ser cozidas ou usadas como ingrediente para o *sushi*, para variar.

alface iceberg

alface Boston

alface de folha vermelha

Sushi modelado

*** Sua comida preferida, fresca ou cozida, é arranjada sobre o arroz de *sushi* modelado.**

Instruções

1 Mergulhe a forma em água para impedir que grude.
2 Coloque o arroz na forma.
3 Aperte levemente com as costas da colher.
4 Retire o *sushi* da forma.
5 Ponha sua comida favorita em cima.

a) bandeja para cubos de gelo

b) colher de sorvete

c) forma de bolo

d) forma de madeira

Como servir

Sirva seu *sushi* original numa bandeja para café da manhã. É atraente e divertido.

Informações sobre *sushi*

Preparação do arroz para *sushi*

Tipos de arroz

Há três tipos principais de arroz disponíveis: o arroz branco japonês de grão curto, o arroz branco chinês de grão longo e o arroz instantâneo. O sabor e a textura do arroz cozido dependem do tipo e da qualidade do arroz usado. Portanto, você deve tomar muito cuidado ao escolhê-lo. O melhor arroz para o *sushi* é o arroz japonês branco de grão curto. Se você não estiver familiarizado com ele, vá até um bom armazém oriental e compre um pacote especialmente indicado para *sushi*. Se não puder ser encontrado, o segundo melhor arroz é o branco de grão curto. Se o pacote é de plástico transparente, procure pelo grão que seja uniforme em tamanho e ligeiramente transparente. Outra forma de conseguir o melhor arroz é perguntar a um cozinheiro de *sushi* ou outra pessoa que saiba sobre arroz para *sushi*.

Preparação

O arroz aumenta de duas a duas vezes e meia de volume ao ser cozido, dependendo do tipo de arroz usado. Caso você costume cozinhar uma grande quantidade de arroz por vez, uma panela automática é um bom investimento, pois facilitará muito seu trabalho. Porém, um fogão do tipo holandês ou uma panela de tampa bem ajustada com boa distribuição do fogo não fica nada a dever à panela elétrica.

Como regra geral, quantidades iguais de água e arroz são suficientes para fazer arroz de *sushi*. Mas o arroz de grão curto cultivado na Califórnia talvez precise de um pouco mais de água ($\frac{1}{5}$ a $\frac{1}{4}$ copo). Para o arroz normal, não temperado, um copo de arroz com 1 $\frac{1}{4}$ copo de água deixará o arroz aquoso e cozido demais. Normalmente, cozinhar dois copos de arroz é melhor que cozinhar um copo.

1) Pese o arroz cuidadosamente.
2) Lave o arroz numa tigela grande. Esfregue os grãos suavemente. Grãos molhados se quebram facilmente.
3) Remova qualquer indício de farelo. Escoe bem a água. Repita este passo mais três vezes ou até que a água esteja quase clara.
4) Deixe o arroz de molho por 30 minutos no verão e 1 hora no inverno. Isto faz com que o arroz absorva a água.
5) Ao cozinhar numa panela comum, coloque a quantidade certa de água e cubra com a tampa.

Preparação do arroz para *sushi*

Como cozinhar

① 

• Em fogo brando até que a água ferva.

Cozinhe o arroz em fogo brando até que a água ferva. Não deixe a água ferver rapidamente. A temperatura penetra no grão quando se cozinha em fogo brando. Se a quantidade de arroz for grande, cozinhe então o arroz em fogo alto desde o começo.

② 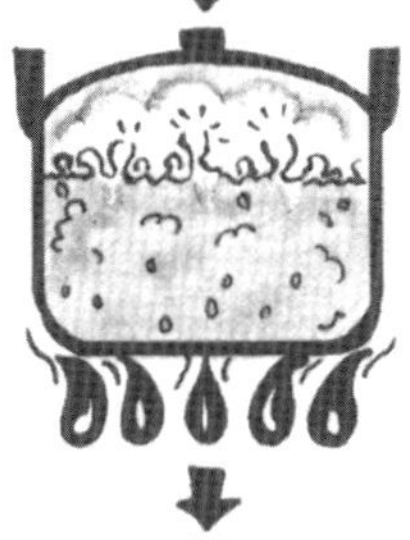

• Fogo alto durante 1 minuto depois de ferver.

Quando o arroz começar a ferver, ponha em fogo alto e deixe por 1 minuto. Nunca levante a tampa enquanto estiver cozinhando. Uma vez que a tampa tende a cair com a força do vapor, é melhor colocar um peso ou alguns pratos por cima. Nesta fase o arroz absorve água suficiente.

③ 

• Diminua o fogo durante 4 a 5 minutos.

Diminua o fogo durante 4 a 5 minutos (tome cuidado para não cozinhar demais). A partir daí, a panela começa a soltar vapor. Durante este intervalo, começa a se formar pequenos buracos no arroz e o vapor sai através deles.

④ 

• Em fogo bem baixo por 10 minutos.

Reduza o fogo ao mínimo durante 10 minutos. Cada grão de arroz absorve a água e fica intumescido. Como está sujeito a queimar, cozinhe em fogo bem baixo.

⑤ 

• Desligue o fogo e deixe o arroz coberto durante 10 minutos.

Durante este tempo, os grãos se acomodam na panela e o processo de cozimento é completo com o calor retido no arroz e nas paredes da panela.

• Panela elétrica

Nos dias de hoje, o arroz é cozido diariamente em praticamente toda casa japonesa com panela automática elétrica ou a gás. Esta panela, desenvolvida no período pós-guerra, faz um arroz perfeito. Basta colocar o arroz lavado na panela e acrescentar água. Há marcas na panela que servem como medidas de arroz e de água. Tampe e ligue. Controles automáticos cuidam do cozimento, reduzindo a temperatura no tempo exato e conservando o arroz quente até ser usado. As panelas elétricas vêm em vários tamanhos, desde as pequenas que cozinham apenas alguns copos de arroz às maiores usadas em restaurantes. Tais panelas podem ser encontradas em algumas lojas de produtos japoneses.

Como fazer arroz de *sushi*

Mistura de vinagre

Arroz de sushi preparado	Arroz cozido		Vinagre		
Copos	Arroz / Copos	Água / Copos	Vinagre Colheres de sopa	Açúcar Colheres de sopa	Sal Colheres de chá
2 ½ copos	1 copo	1 ⅙ copo	2 colheres de sopa	½ colher de sopa	1 colher de chá
5 copos	2 copos	2 copos	3 ½ colheres de sopa	1 colher de sopa	1 ½ colher de chá
7 ½ copos	3 copos	3-3 ¼ copos (*)	5 colheres de sopa (⅓) copo)	1 ½ colher de sopa	2 colheres de chá
10 copos	4 copos	4-4 ½ copos (*)	7 colheres de sopa	2 colheres de sopa	3 colheres de chá (1 colher de sopa)

(*) Deixa o arroz mais macio.

As proporções acima são para a receita básica. O açúcar pode ser aumentado para se obter um sabor mais doce. Ajuste a quantidade de açúcar que vai ao encontro de seu paladar.

Como misturar o arroz cozido com o vinagre

Prepare uma tina não metálica, de preferência uma de vidro ou madeira (certifique-se de que a tina não esteja polida, pois o vinagre removerá a cera).

① Lave bem a tina. Seque com uma toalha de cozinha.

② Ponha o arroz cozido na tina e espalhe-o no fundo.

③ Acrescente a mistura de vinagre generosamente sobre o arroz. Pode ser que você não precise de toda a mistura. Não adicione muito líquido.

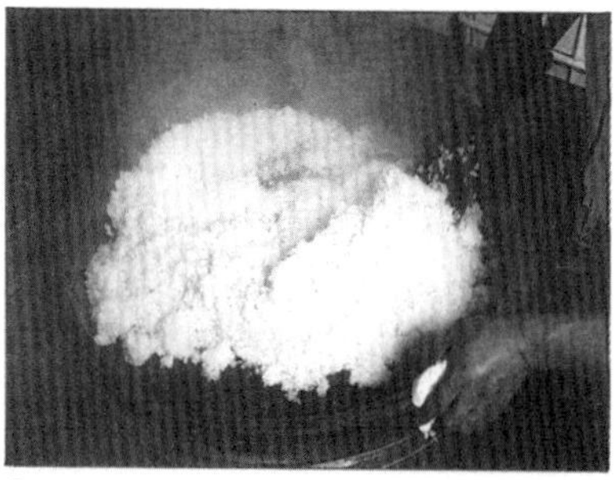

④ Misture o arroz com uma colher grande de madeira fazendo movimentos de corte.

⑤ Enquanto mistura, faça uso de um ventilador. Isto não é para esfriar o arroz, mas para eliminar o líquido extra.

⑥ Mantenha o arroz na tina de madeira, coberto com um pano úmido.

Peixes

O peixe fresco que é comido cru, como *sashimi* e *sushi,* deve ser preparado com um peixe que não esteja fora da água por mais de 24 horas e devidamente esfriado. Naturalmente, o peixe ideal é aquele que você mesmo pesca.
Uma peixaria de confiança frequentemente provê peixe de melhor qualidade que aquele encontrado empacotado em supermercados. Se o peixe for para *sashimi* ou *sushi*, peça ao peixeiro para cortá-lo em fatias, cubos ou qualquer outro formato que queira. Caso esteja em dúvida quanto ao frescor do peixe, não o coma cru. Cozinhe-o de acordo com o seu gosto ou deixe-o no molho *teriyaki* para grelhar. Peixe de água doce não é comido cru em *sushi* devido à possível presença de parasitas. Seria como comer carne de porco que não foi devidamente cozida. A seguir, algumas dicas para saber se o peixe está fresco.

Peixe fresco

1. Odor característico suave, mas não forte.
2. Olhos brilhantes, cheios, mas não leitosos ou afundados.
3. Guelras vermelhas e brilhantes, não acinzentadas e livres de limo.
4. Escamas de característica brilhante.
5. As escamas devem estar fortemente grudadas ao corpo, sem nenhuma mancha avermelhada ao longo da área ventral.
6. O corpo firme e rígido quando apertado com os dedos.
7. Carne firme e elástica que não se separa facilmente dos ossos ou não afunda quando manuseada.
8. Corte de aparência fresca, sem traços de cor amarelada ou secura visíveis na carne.
9. Peixe fresco tem o sabor adocicado e, frequentemente, cheiro parecido com o de pepino.

Peixe congelado

1. O pacote deve estar solidamente congelado e hermeticamente embrulhado, com pouco ou nenhum ar entre o peixe e o embrulho, que deve ser à prova de vapor.
2. Deve ser mantido estocado em temperatura abaixo de 23°C no refrigerador.
3. Não deve haver descoloração, desbotamento ou secura evidente.

Como armazenar o peixe

1. Uma vez que os mariscos e os peixes são os alimentos mais perecíveis, devem ser consumidos tão logo quanto possível.
2. Lave o peixe em água fria e levemente salgada. Certifique-se de lavar bem a cavidade do estômago. Remova o excesso de mistura com toalhas de papel. Embrulhe depois em papel celofane ou plástico. Coloque no congelador. Manuseie o peixe o menos possível.
3. Peixe congelado deve ser mantido sólido e embrulhado ou num recipiente apropriado. Não descongele-o à temperatura ambiente antes de prepará-lo, exceto quando necessário para facilitar o manuseio. O descongelamento de peixes deve ser feito à temperatura da geladeira. Uma vez descongelado, prepare-o imediatamente. Nunca congele novamente o peixe que foi descongelado. Aconselha-se ainda não manter peixe congelado por mais de três meses. Para remover o odor dos utensílios, use solução de soda e água (cerca de uma colher de chá de soda para ¼ de água).

Peixes

Para se livrar do cheiro de peixe das mãos e da tábua de corte, esfregue suco de limão, rodelas de limão, vinagre ou sal antes de lavar e enxágue bem. Esfregar um pouco de creme dental nas mãos e depois lavar também é um bom desinfetante. Vinho, vinagre, gengibre, limão, cebola e alho usados nas receitas ajudam a diminuir os odores de peixe cozido.

O valor nutricional dos peixes

Os japoneses são hoje líderes mundiais no que se refere à longevidade (na verdade, estão em segundo lugar, depois da Islândia). Muito da comida tradicional consumida no Japão vem do mar e ainda hoje muitas variedades de peixe são degustadas diariamente. Este fato tem sido ligado à "longevidade japonesa", e a quantidade de peixe na dieta tradicional está atraindo grande atenção do mundo inteiro.
É fato conhecido que o peixe é um alimento nutritivo. Peixe fresco contém uma proporção alta de proteína, e é rico em aminoácidos, vitaminas e gordura. Tudo isso é indispensável para um corpo saudável. A gordura do peixe é composta de ácidos poli-insaturados e um pequeno índice de colesterol. A proporção destes itens varia de acordo com a espécie. Não importa a proporção, o peixe contém menos colesterol e gordura saturada que a carne de porco ou de vaca. Na verdade, peixes oleosos como o atum, a cavalinha, a sardinha e o bonito têm níveis altos de ácido eicosapentenoico, que ajuda a reduzir o colesterol e impede o endurecimento das artérias. Caso você esteja fazendo dieta para perder peso ou para diminuir o nível de sódio no organismo, o peixe é ideal. É digno de nota que peixe de água salgada não contém mais sódio que o peixe de água doce.

O peixe da estação

Houve uma época em que os primeiros alimentos de cada estação eram ritualmente oferecidos para o deleite da corte imperial. A palavra para estas oferendas era *shun*. Atualmente, a palavra aparece num contexto mais amplo.
A lista indica a estação na qual se espera que a cobertura típica do *sushi* tenha seu melhor sabor no Japão (Tóquio) e na costa nordeste dos Estados Unidos.

Tóquio		Nova York	
Primavera		**Primavera**	
Concha akagai	Cavalinha	Concha aoyagi	Bonito
Lula	Polvo	Lula	Caranguejo
Linguado	Concha aoyagi	Cavalinha	Linguado
Mexilhão	Ouriço-do-mar	Ouriço-do-mar	
Verão		**Verão**	
Haliote	Pitu	Concha akagai	Porca-do-mar
Ouriço-do-mar	Perca do mar	Haliote	Ouriço-do-mar
Concha de romeiro		Atum	Cavala
Outono		**Outono**	
Baiacu	Salmão	Atum	Ouriço-do-mar
Gobião	Mexilhão	Perca	Cavala
Cavala	Lúcio		
Concha de romeiro			
Inverno		**Inverno**	
Mexilhão	Cavala	Ouriço-do-mar	Mexilhão
Polvo	Olhete	Camarão doce	
Atum		Arenque	

Como escolher, manusear e estocar alga *nori*

A alga *nori* está disponível em folhas que vêm em três tamanhos diferentes:

Folha grande: 21 x 18 cm
Folha média: 10,5 x 18 cm
Folha pequena: 6,5 x 5,5 cm

Há ainda três diferentes tipos: temperada, não temperada e torrada. A alga *nori* de boa qualidade é aquela quebradiça. Ao comprar, escolha o pacote que esteja bem selado.

Como guardar

1) Mantenha em local fresco, preferivelmente na geladeira ou no congelador. Pacotes já abertos devem ser mantidos num recipiente hermeticamente fechado ou embrulhado em papel alumínio ou plástico para evitar o ar. Se estiver bem fechada, a alga *nori* poderá ser guardada indefinidamente no congelador.
2) Mantenha em lugar escuro. A luz afeta o sabor da alga *nori*.
3) Evite qualquer mistura.

Quando a alga *nori* não estiver quebradiça, toste-a levemente em fogo bem baixo ou conserve-a da seguinte maneira: ponha a alga *nori* numa panela com água quente. Seque e acrescente molho de soja, saquê (4 x 1) e cozinhe em fogo brando. Adicione um pouco de açúcar se preferir.

O valor nutricional da alga *nori*

A tabela a seguir foi extraída da quarta edição revisada da Tabela Padrão de Composição dos Alimentos compilada pelo Conselho de Pesquisa Científica Japonesa.

Composição dos nutrientes em cada 100 g de alga *nori*

Tipos de alga *nori*	Mistura (g)	Proteína (g)	Gordura (g)	Açúcar (g)	Fibras (g)	Resíduo (g)	Vitamina A (U.I.)	Vitamina B1 (mg)	Vitamina B2 (mg)	Vitamina B3 (mg)	Vitamina C (mg)
Seca	11,1	38,8	1,9	39,5	1,8	6,9	14,000	1,15	3,40	9,8	100
Torrada	6,2	40,9	2,0	41,7	1,9	7,3	13,000	1,10	3,20	9,0	95
Temperada	4,6	38,4	2,8	39,7	1,8	12,7	12,000	1,00	2,90	8,5	785

Como mostrado acima, o índice de proteína é de 40 por cento. O valor nutricional é o mesmo para a carne, peixe e soja. Uma folha de alga pesa 3 gramas, da qual 1,2 grama é proteína. A quantidade diária mínima de proteína necessária é de 70 gramas. A alga, por si só, não provê a proteína essencial, mas deve-se notar que ela é rica em vitaminas A, B1 e B2, essa última especialmente alta. A tabela do lado direito mostra uma comparação entre a alga e outros alimentos. Se você conhecer o valor nutricional da alga, poderá fazer *sushi* e pratos muito mais atraentes. O arroz avinagrado é enrolado na alga usando uma esteirinha de bambu. Qualquer coisa pode ser colocada no meio do arroz.

Tipos de alimento	Vitamina A (mg)	Vitamina B1 (mg)	Vitamina B2 (mg)	Vitamina C (mg)
Alga *nori* seca	14,000	1,15	3,40	100
Ovo inteiro	640	0,08	0,48	∅
Espinafre fresco	1,700	0,13	0,23	65
Leite	110	0,03	0,15	∅

Glossário

Aburaage

Queijo de soja (*tofu*) frito. É cortado em fatias finas e frito até formar uma casca crocante.

Asatsuki

Um tipo de cebola verde. É usado como decoração para o *sushi.*

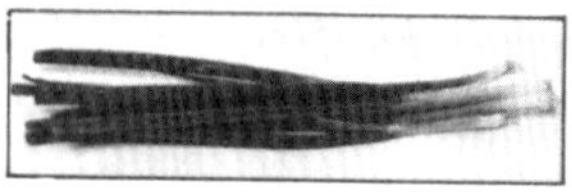

Nabo (*daikon*)

O nabo é rico em vitaminas, e suas folhas contêm bastante cálcio. Imagina-se que este tipo de nabo ajuda na digestão de comidas oleosas. Bom para pratos que são cozidos lentamente.

Dashi

Caldo branco japonês. Há quatro tipos: feito de algas, bonito seco, cogumelo ou peixe seco. O *dashi* é o segredo da cozinha japonesa.

Queijo de soja (*tofu*) seco congelado

Um pacote contém geralmente de 5 a 6 pedaços. Parece uma esponja bege e é extremamente leve. Antes de cozinhar, deve ser imerso em água morna para amolecer. Isto fará com que dobre de volume. Fácil de fazer, combina bem com molho de soja. O queijo de soja seco era originalmente a comida diária dos monges no Japão. Hoje é popular no país inteiro.

Gengibre

Escolha a raiz de gengibre que esteja firme e dura. Evite os pedaços que estejam moles ou que tenham sinais de manchas. Descasque apenas a quantidade que irá usar.

Kaiwarena

Broto de nabo (*daikon*). Assim como o próprio nabo, contém bastante vitaminas e sais minerais.

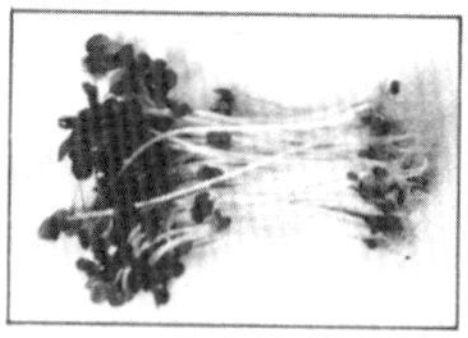

Kampyo

Abóbora japonesa cortada em tiras e postas para secar ao sol. Usada como um dos recheios de *sushi* enrolado. Primeiro, lave e depois misture a quantidade necessária com sal. Cozinhe até amaciar. Disponível em pacotes de 30 g.

Raiz de lótus

A polpa é branca e compacta. Longas cavidades tubulares percorrem toda a extensão da raiz. Ao preparar raiz de lótus para cozinhar, descasque-a primeiro para depois cortá-la em rodelas. O formato deve ser atraente. Para evitar descoloramento, deve-se mergulhar a raiz numa mistura de alume e água ou vinagre e água por um curto período de tempo. Isto também ajuda a tirar todo o sabor áspero da raiz. Depois disso, poderá ser cozida em água contendo um pouco de vinagre. Combina bem com pratos avinagrados.

Mirin

O *mirin* é um saquê bastante adocicado usado para cozinhar, chamado também de "vinho de arroz de cozinha". Tempero básico na culinária japonesa, proporciona aroma e um toque de suavidade aos pratos.

Glossário

Natto

Natto é um preparo de soja fermentado pela ação de bactéria especial. Possui um rico sabor parecido com queijo e é grudento. Um bom *natto* forma fios grudentos quando é misturado.

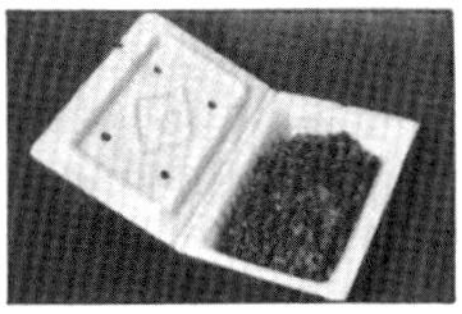

Pasta de ameixa em conserva

Ameixas verdes e folhas vermelhas de *shiso* são salgadas e conservadas juntas. Das folhas são retiradas o sabor e a cor. A pasta em si tem o mesmo gosto de ameixa em conserva.

Saquê

A mais antiga e popular bebida do Japão, feita de malte fermentado (*koji*) e depois refinado. Há três graduações de saquê: classe especial, primeira classe e segunda classe. O saquê pode ser dividido ainda em tipos doce e seco. Às vezes, os japoneses o bebem frio, mas geralmente é aquecido antes de ser bebido. Para o saquê seco, a temperatura deve estar entre 42 e 45 graus. No caso do saquê doce, entre 45 e 50 graus. O saquê não é usado apenas como bebida. Serve também para temperar comida japonesa.

Arroz

O arroz preferido dos japoneses é o de grão curto, mais pegajoso e aquoso do que o de grão longo. Bem diferente daquele que os ocidentais pensam que é bom. Os ocidentais acham que o arroz deve ser seco e não grudento, o que não é adequado para a culinária japonesa e deve ser evitado. O arroz de grão curto é sempre encontrado em lojas de produtos orientais (veja páginas 94 a 96).

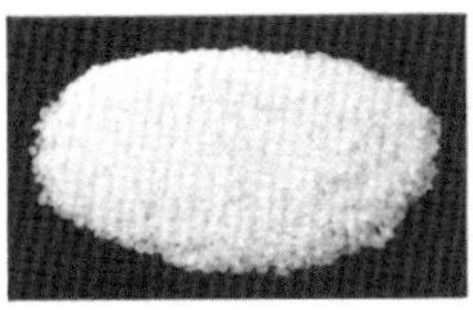

Sementes de gergelim

Tanto a semente branca quanto a preta são usadas na culinária japonesa. Quando torradas, as sementes de gergelim adquirem mais sabor e aroma. Mais saborosas e aromáticas, porém, são as sementes moídas. Para moê-las, torre-as numa frigideira seca e coloque-as num *suribachi* (moedor japonês). Um tempero e tanto.

Cogumelos *shiitake*

Pode-se obter facilmente cogumelos *shiitake*, tanto o fresco como o seco. Este último deve ser imerso em água antes de usá-lo. Com esta água, faz-se *dashi*, o caldo de sopa japonesa. Cogumelos frescos têm um sabor distinto e atraente e são ótimos para pratos que são cozidos lentamente. Os melhores cogumelos são aqueles que têm a parte superior grossa aveludada e marrom, com uma polpa firme.

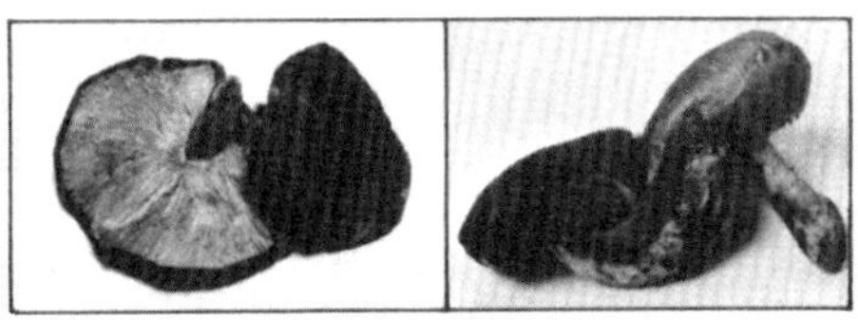

Vinagre de arroz

Os japoneses produzem vários tipos de vinagre de arroz, mas cada tipo é ainda mais suave que a maioria dos vinagres ocidentais. Leveza e doce suavidade são as características do vinagre de arroz japonês, um dos mais importantes ingredientes do *sushi*. Combina com arroz e peixe cru. Se for substituir, use vinagre de cidra.

Glossário

Folhas de *shiso*

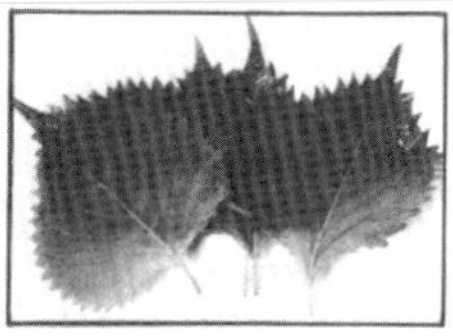

Estas folhas aromáticas vêm em duas variedades: verde e vermelha. O tipo vermelho é usado para fazer ameixa em conserva (*umeboshi*).

Molho de soja

Um tempero essencial na cozinha japonesa, usado em pratos de todos os tipos e sopas. Feito de feijão de soja e sal, proporciona aos alimentos um delicado sabor. Especialmente para *sushi*, não há outro tempero além do molho de soja. Combina bem com gengibre e também *wasabi*. Há dois tipos: um é o comum e o outro é o leve. Este último tem uma cor clara e não é salgado demais. Não escurece a cor dos alimentos. Molho de soja é a essência da cozinha japonesa.

Folhas de *temaki katsuo*

São flocos de bonito prensados e cortados em três tamanhos diferentes e disponíveis em quatro sabores diferentes.

Trevo

Membro da família da salsa, usado em muitos pratos japoneses para acentuar o sabor e a cor. O sabor está entre o aipo e a azedinha. A cor do trevo é verde clara e atraente. As folhas perdem a fragrância facilmente, portanto, não as ferva durante muito tempo ou submeta a muito calor.

Wasabi

De aroma mais delicado e sabor mais leve que o tipo ocidental, o rábano silvestre japonês, de cor verde-pálida, acompanha a maioria dos pratos de peixe cru e também o *sushi*. No Japão, tanto o *wasabi* fresco quanto o em pó são facilmente encontrados. Em outros países, porém, é difícil obter *wasabi* fresco. A parte comestível do *wasabi* é a raiz, que geralmente vem em forma de tubo ou em pó. A fragrância do *wasabi* fresco é mais rica que a do *wasabi* em pó. O pó deve ser misturado com água para fazer uma pasta densa. Peixe cru pode ser difícil de ser degustado pela primeira vez, mas com o sabor do molho de soja e do *wasabi*, logo será um dos seus pratos favoritos.

Glossário

Esteirinha de bambu (*makisu*)

Feita de tiras finas de bambu e amarrada com cordão forte, a esteirinha é usada para enrolar *sushi*. Há três tamanhos disponíveis: a grande, que mede 30 x 27 cm, a média, de 27 x 25 cm, e a pequena de 25 x 26,5 cm. Não é necessário comprar todos os três tamanhos. A maior é mais versátil. Depois de usar a esteirinha, lave-a em água morna corrente e deixe-a secar completamente antes de guardá-la.

Como usar a esteirinha

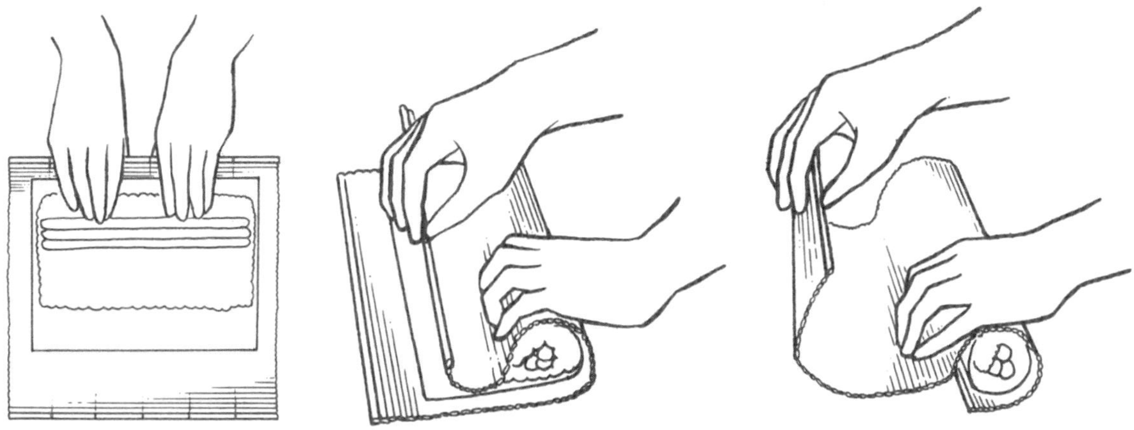

① Coloque a folha de alga (*nori*) sobre a esteirinha. Em seguida, o arroz e o recheio, como na ilus-tração. Erga a ponta da estei-rinha com os polegares e aperte levemente o arroz com os outros dedos.

② Enrole tudo junto na direção da outra ponta da esteirinha. Pressione levemente.

③ Ajuste a forma do sushi comprimindo suave e cuidadosamente.

Tina de mistura (*hangiri*)

Usada para misturar o arroz cozido com vinagre. Nas casas de *sushi,* são usadas tinas feitas de cipreste. Porém, uma tigela de plástico, de vidro ou esmaltada também serve.

Forma de madeira (*oshiwaku*)

Usada para fazer *sushi* prensado. A forma consiste de três partes, parecendo um grande quebra-cabeça oriental. Caso você faça *sushi* frequentemente, a forma de madeira é bastante útil, mas não essencial. No lugar da forma, poderá usar uma panela com fundo removível.

Termos especiais usados em restaurantes de *sushi*

Uma casa de *sushi* pode ser uma experiência linguística interessante. Mesmo quem entende japonês poderá se enganar ao ouvir o que é dito entre o cozinheiro e seus ajudantes, já que eles utilizam um jargão próprio. A seguir, uma curta seleção de termos tradicionais.

Agari
: Chá verde quente, comumente chamado de *ocha*. A palavra significa que a pessoa acabou de comer. Originalmente, "*agari*" significava apenas a xícara servida após a refeição, mas agora tanto faz.

Ebi
: Camarão. Um dos mais populares ingredientes do *sushi*. O camarão que é servido ainda vivo chama-se *odori-ebi* (camarão dançante).

Gari
: Gengibre conservado em vinagre, fatiado bem fino e sempre servido com *sushi*. Comido entre uma e outra mordida, refresca o paladar para que você possa apreciar o sabor de cada *sushi*.

Geso
: Tentáculos de lula cozidos e usados como coberturas de *sushi*. *Sushi* com *geso* é temperado com molho grosso e servido.

Hikari-mono
: Peixes de pele brilhante, tais como a cavalinha, o sável ou o *kisu*. Geralmente avinagrado e colocado sobre o *sushi*.

Ichinin-mae
: Porção para uma só pessoa. A palavra é usada para pedir a omelete grossa comida no final de uma refeição de *sushi*.

Kappa
: *Sushi* enrolado com pepino japonês.

Murasaki
: Molho de soja, chamado de *shoyu*. Necessário para mergulhar o *sushi* antes de levá-lo à boca.

Naka-ochi
: *Sushi* enrolado com recheio de atum.

Oaiso
: Conta.

Oshinko
: Rabanete amarelo claro (*daikon*) em conserva.

Otemoto
: Palitos usados para comer, chamados geralmente de *hashi*.

Sabi
: Diminutivo de *wasabi* (rábano silvestre japonês).

Shari
: Arroz de *sushi*. A palavra vem do sânscrito.

Shitadai
: Cardápio. Geralmente, *shitadai* significa o prólogo de uma brincadeira.

Tekka
: *Sushi* enrolado com atum.

Como comer *sushi*

Depois que o *nigiri-zushi* foi criado, pensou-se em muitas maneiras convenientes e apetitosas de degustá-lo. As preferidas, usando tanto os dedos como os *hashi*, são descritas abaixo.

Usando os dedos

Para comer *sushi* com os dedos:

① Coloque primeiro o dedo indicador na cobertura do *nigiri-zushi* e pegue o pedaço com o polegar e dedo médio.

② Mergulhe a cobertura no molho de soja. Ou vire o pedaço de *nigiri-zushi* ao contrário e mergulhe a ponta da cobertura.

③ Coloque o *sushi* na boca de modo que a cobertura encontre a língua primeiro.

Os que gostam de molho de soja têm a tendência de ensopar a parte do arroz neste tempero, o que não é recomendável já que não apenas o arroz se soltará como o sabor, tanto da cobertura como do próprio arroz, acabará se perdendo. O molho de soja deve complementar, não esconder, aquilo que se come.

Usando os palitos (*hashi*)

Os palitos (*hashi*) devem estar unidos no topo e separados cuidadosamente.

1) Coloque um *hashi* no espaço entre o polegar e o indicador e apoie-o na ponta dos dedos.
2) Segure o outro *hashi* com as pontas do polegar e indicador e o dedo médio e manipule uma ponta contra a outra, que deve ficar imóvel.

Para comer *sushi* com *hashi*:

① Vire o *sushi* suavemente de lado, para que o arroz não se solte.

② Mergulhe a ponta da cobertura em molho de soja. Conduza o *sushi* à boca com o lado virado para baixo.

Tabelas métricas

Muitos países usam hoje o sistema métrico e outros os seguirão no futuro. As tabelas seguintes são tabelas de conversão para as pessoas que precisam delas na hora de cozinhar.

Medidas de líquidos

Sistema comum americano	onça	grama	miligramas
¹⁄₁₆ copo = 1 colher de sopa	½ onça	14 g	15 ml
¼ copo = 4 colheres de sopa	2 onças	60 g	59 ml
½ copo = 8 colheres de sopa	4 onças	115 g	118 ml
1 copo = 16 colheres de sopa	8 onças	225 g	236 ml
1 ⅓ copo	14 onças	400 g	414 ml
2 copos	16 onças	450 g	473 ml
3 copos	24 onças	685 g	710 ml
4 copos	32 onças	900 g	946 ml

Pontos gerais de informação que podem ser de interesse:
1 onça britânica = 28,5 ml
1 onça americana = 29,5 ml
1 copo japonês = 200 ml
1 copo britânico = 200 ml = 7 onças britânicas
1 copo americano = 240 ml = 8 onças americanas

Pesos

De gramas para onças	De onças para gramas (*)
1 g = 0,035 onça	¼ onça = 7 g
5 g = ⅙ onça	½ onça = 14 g
10 g = ⅓ onça	1 onça = 30 g
30 g = 1 onça	2 onças = 60 g
100 g = 3 ⅓ onças	4 onças = 115 g
200 g = 7 onças	6 onças = 170 g
500 g = 18 onças	8 onças = 225 g
1000 g = 35 onças	16 onças = 450 g

gramas X 0,035 = onças
onças X 28,35 = gramas
(*) Equivalente

Medidas lineares

De polegadas para centímetros	De centímetros para polegadas (*)
½ polegada = 1,27 cm	1 cm = ⅜ polegada
1 polegada = 2,54 cm	2 cm = ¾ polegada
2 polegadas = 5,08 cm	3 cm = 1 ⅙ polegada
4 polegadas = 10,16 cm	4 cm = 1 ½ polegada
5 polegadas = 12,7 cm	5 cm = 2 polegadas
10 polegadas = 25,4 cm	10 cm = 4 polegadas
15 polegadas = 38,1 cm	15 cm = 5 ¾ polegadas
20 polegadas = 50,8 cm	20 cm = 8 polegadas

polegadas X 2,54 = centímetros
centímetros X 0,39 = polegadas

Temperaturas

De graus Fahrenheit (F) para graus Celsius (C)		De graus Celsius (C) para graus Fahrenheit (F)	
temperatura do congelador	-10F = -23,3C	temperatura do congelador	-20C = -4F
	0F = -17,7C		-10C = 14F
ponto de congelamento	32F = 0C	ponto de congelamento	0C = 32F
	68F = 20C		10C = 50F
	100F = 37,7C		50C = 122F
ponto de fervura	212F = 100C	ponto de fervura	100C = 212F
	300F = 148,8C		150C = 302F
	400F = 204,4C		200C = 392F

Observações
1) O ponto de fervura da água dada está no nível do mar.
2) Fatores de conversão:
$C = F - 32 \times \frac{5}{9}$
$F = \frac{C \times 9}{5} + 32$

Índice